Hans-Werner Sinn

GEFANGEN IM EURO

Helmut Schlesinger

zum neunzigsten Geburtstag

Hans-Werner Sinn

GEFANGEN IM EURO

EDITION DEBATTE

REDLINE | VERLAG

Bibliografische Information der Deutschen Nationalbibliothek:
Die Deutsche Nationalbibliothek verzeichnet diese Publikation in der Deutschen Nationalbibliografie; detaillierte bibliografische Daten sind im Internet über **http://d-nb.de** abrufbar.

Für Fragen und Anregungen:
sinn@redline-verlag.de
1. Auflage 2014

© 2014 by Redline Verlag, ein Imprint der Münchner Verlagsgruppe GmbH,
Nymphenburger Straße 86

D-80636 München
Tel.: 089 651285-0
Fax: 089 652096

Herausgeber der »Edition Debatte« im Redline Verlag:
Prof. Dr. Christoph Lütge und Jens Schadendorf, München

Alle Rechte, insbesondere das Recht der Vervielfältigung und Verbreitung sowie der Übersetzung, vorbehalten. Kein Teil des Werkes darf in irgendeiner Form (durch Fotokopie, Mikrofilm oder ein anderes Verfahren) ohne schriftliche Genehmigung des Verlages reproduziert oder unter Verwendung elektronischer Systeme gespeichert, verarbeitet, vervielfältigt oder verbreitet werden.

Redaktion: Ulrike Kroneck, Melle-Buer
Umschlaggestaltung: Kristin Hoffmann, München
Satz: Georg Stadler, München
Druck: Konrad Triltsch GmbH, Ochsenfurt
Printed in Germany

ISBN Print 978-3-86881-525-2
ISBN E-Book (PDF) 978-3-86414-626-8
ISBN E-Book (EPUB, Mobi) 978-3-86414-627-5

Weitere Informationen zum Verlag finden Sie unter

www.redline-verlag.de
Beachten Sie auch unsere weiteren Imprints unter
www.muenchner-verlagsgruppe.de

INHALT

Vorwort – Auf schwankendem Grund 7
Prolog – Politische Interessen, ökonomische Gesetze und der Euro. . . 13

Teil I:
Die Eurokrise verstehen – ein Drama in sieben Akten 17

Missachtung des Maastrichter Vertrags: Die Kreditblase als erste Krisenstufe 17
Sind die Ökonomen schuld? Oder: Warum auch wir für Cristiano Ronaldo haften 29
Zweiter Akt: Selbstbedienung mit der Druckerpresse 39
Parlamente als Erfüllungsgehilfen der Europäischen Zentralbank . 46
Hinter den Kulissen: Wie Deutschland ausgespielt wurde 54
Dritter Krisenakt: Der Kauf der Staatspapiere gegen das Votum der Bundesbank 71
Noch tiefer im Haftungsstrudel: Die Rettungsschirme EFSF und ESM – vierter Akt der Eurokrise 73
Das OMT-Programm der EZB – fünfter Akt des Dramas 76
Hoffnung: Die Grätsche des Bundesverfassungsgerichts in die Politik der EZB 82
Es kommt noch schlimmer – die Bankenunion als sechster Krisenakt 94
Siebter Akt: Eurobonds – ein Hauch von DDR und die Enteignung der Sparer 102
Wo stehen wir? Ist die Krise vorbei?. 113

Teil II:
Die Krise dauerhaft bewältigen –
ein Sechs-Punkte-Programm 125

   TOP 1 Alles auf den Tisch:
   Schuldenkonferenz und Schuldenschnitt 128

   TOP 2 Das kleinere Übel:
   Schneller Austritt überschuldeter Länder aus der Eurozone 134

   TOP 3 Eigenleistungen der Euro-Krisenländer:
   Pfänder und Vermögensabgaben 154

   TOP 4 Die Neuordnung des EZB-Systems:
   Damit keine neuen Kreditblasen entstehen 156

   TOP 5 Der »atmende Euro«:
   Feste Regeln für zukünftige Ein- und Austritte 164

   TOP 6 Eine Konkursordnung für die Eurostaaten 165

Teil III: Europa nach vorn denken 167

   Die Vereinigten Staaten von Europa: Ja, aber … 167

   Eine Konföderation nach Schweizer Vorbild 182

Danksagung 190

Der Autor 191

Der Gesprächspartner von Hans-Werner Sinn 193

VORWORT
AUF SCHWANKENDEM GRUND

Die Eurokrise scheint überwunden zu sein. Deutschland jubelt über sprudelnde Steuereinnahmen, zunehmende Beschäftigung und Exportwachstum. Doch der Schein trügt. Denn anders, als es der öffentliche Jubel glauben machen will, ist die Eurokrise *keinesfalls* überwunden. Im Gegenteil: Sie schwelt weiter und vernichtet sowohl die Lebenschancen der jungen Menschen in den südeuropäischen Krisenländern als auch einen erheblichen Teil des Wohlstands der Deutschen.

Die Massenarbeitslosigkeit in Südeuropa ist ungebrochen. In Spanien, Griechenland und Italien liegt die Industrieproduktion auf Katastrophenniveau, weil diese Länder im Euro gefangen sind und ihnen der Weg zu einer Währungsabwertung verwehrt ist. Frankreich, der Hauptlieferant und Hauptgläubiger der Südländer, ist angeschlagen. Und Deutschland ist wie noch einige andere Länder Nordeuropas in einer Haftungsspirale gefangen, weil es die Investoren aus aller Welt, die ihr Geld in den Südstaaten angelegt haben, mit immer mehr Rettungsversprechen ablösen muss.

Der Koordinator der Rettungsaktionen ist die Europäische Zentralbank (EZB). Sie nimmt die deutschen Steuerzahler ungefragt in die Haftung und geht mit großzügigen Regionalkrediten an die südeuropäischen Staaten in Vorlage, die den Deutschen Bundestag und die deutsche Regierung anschließend vor fast alternativlose Entscheidungssituationen stellen. Nicht nur das deutsche Verfassungsgericht ist der Meinung, dass sich die EZB Macht angemaßt hat, die ihr nicht zusteht, und dass die EZB die Parlamente Europas zu Erfüllungsgehilfen degradiert hat.

Mit der ihm eigenen Mischung aus Kompetenz, Prägnanz und Streitbarkeit zeichnet Hans-Werner Sinn in diesem Buch die allmähliche Eskalation der Eurokrise nach: vom Unterlaufen des Maastrichter Vertrags über die Euro-Rettungsschirme und die ausufernde Politik der EZB bis hin zu Bankenunion und drohenden Eurobonds.

Dabei ist Sinn mehr denn je die Stimme der ökonomischen Vernunft in der europäischen Finanzkrise. Er macht deutlich: Wir dürfen uns von öffentlichen Beschwichtigungen der Politiker und EZB-Repräsentanten nicht beirren lassen. Denn wir sind schon jetzt tief versunken im Euro-Haftungsstrudel, in den wir uns durch falsche Versprechen haben hineinziehen lassen. Schon jetzt sind wir immense, kaum mehr rückgängig zu machende Verpflichtungen gegenüber den wettbewerbsschwachen südeuropäischen Krisenländern eingegangen.

Spannend wie in einem Krimi erklärt Sinn nicht nur komplexeste Zusammenhänge. Er berichtet, selbst leidenschaftlicher Europäer, erstmals auch von Geschichten hinter den Kulissen, etwa wie Deutschlands Widerstand bei Verhandlungen überwunden wurde oder wie es zu den Rücktritten der von ihm geschätzten Axel Weber, ehemals Chef der Deutschen Bundesbank, Jürgen Stark, ehemals EZB-Chefvolkswirt, und Bundespräsident Horst Köhler kam.

Hans-Werner Sinn zeigt: Wir bewegen uns auf gefährlich schwankendem Grund, und den Preis für diese Situation werden Arbeitnehmer, Rentner und Hartz-IV-Empfänger und die folgenden Generationen zu zahlen haben – auch wenn das die Politiker nicht offen zugeben.

Doch Sinn bleibt nicht bei der Dynamik der Eurokrise stehen. Mit Vehemenz fordert er in den Konturen eines Sechs-Punkte-Programms eine Änderung der Euro-Krisenpolitik, die ein Ende macht mit der Vergemeinschaftung der täglich weiter wachsenden Schulden zugunsten der internationalen Investoren, die ihr in Südeuropa investiertes Geld von den Steuerzahlern der noch gesunden Länder Europas zurückbekommen wollen. Besonders betont er dabei eine notwendige Reform der Europäischen Zentralbank. Seine zentrale Forderung ist, den Krisenländern die Möglichkeit zu nehmen, sich das Geld zu drucken, das sie sich auf den Kapitalmärkten nicht mehr zu günstigen Konditionen leihen können.

Unterstützung für einen radikalen Kurswechsel in der Euro-Krisenpolitik erhielt Sinn auch durch das Bundesverfassungsgericht, mit dessen Kritik an der EZB-Politik er sich intensiv auseinandersetzt. Er ruft die Bundesregierung auf, das Verdikt über die EZB-Politik ernst zu nehmen und nun aktiv dagegen vorzugehen, wie es das Gericht verlangt.

Sinn wäre nicht Sinn, wenn er nicht einen Ausweg aus der Krise formulieren würde, um die den innereuropäischen Frieden bedrohende »Gefangenschaft im Euro« zu überwinden. Einerseits plädiert er dafür, die jetzige Krise durch eine europäische Schuldenkonferenz zu lösen, die die überschuldeten Länder von einem Teil ihrer nicht mehr tragbaren Schulden befreit, sowie einigen südeuropäischen Ländern den Weg zu einem temporären Austritt aus dem Euro nebst Währungsabwertung zu ebnen. Dabei formuliert er das Leitbild des »atmenden Euro«, eines Systems, in das man nicht nur eintreten, sondern aus dem man auch austreten kann. Andererseits fordert Sinn perspektivisch eine »Europäische Konföderation« nach Schweizer Vorbild als unabdingbare Voraussetzung für weitere Vergemeinschaftungsaktionen. Diese Konföderation sollte nicht auf die heutigen Eurostaaten beschränkt sein, sondern auch die ost- und nordeuropäischen Staaten umfassen. Frankreich, das er als Hauptprofiteur der Rettungsaktionen sieht, drängt er, dazu nun endlich Farbe zu bekennen und seine massiven Vorbehalte gegen eine weitere politische europäische Integration aufzugeben. Bundeskanzlerin Merkel fordert er auf, die Entwicklung einer konkreten neuen europäischen Vision federführend voranzutreiben, um die Krise durch beherzte Schritte zu überwinden und Europa wieder ein neues, nach vorn gerichtetes Ziel zu geben.

Dieses kompakte Buch ist kein im engeren Sinne wissenschaftliches Werk, sondern auf eine ganz andere Art und Weise fundiert, kämpferisch und persönlich zugleich. Wie schon der vor einem Jahr erschienene Bestseller *Verspielt nicht eure Zukunft*, der sich mit den ökonomischen Zukunftsfragen Deutschlands jenseits der Eurokrise beschäftigte, ist es das Ergebnis mehrerer längerer Gespräche, die ich mit dem Autor seit dem Winter 2012/2013 über mehr als ein Jahr immer wieder habe führen dürfen. Diese interviewhaften Gespräche hatten den Vorteil, dass sie den Leser, vertreten durch mich, dort abholten, wo er sich gedanklich befinden könnte. Im Anschluss gab es eine Niederschrift, in der Themen geordnet wurden, und danach wurde der Text im Wechselspiel mit dem Autor mehrfach gründlich überarbeitet und ergänzt. Auf diese Weise blieb einerseits die Dynamik und emotionale Lebendigkeit des persönlichen Gesprächs erhalten, andererseits konnten zugleich die ökonomischen Argumente noch sorgfältiger herausgearbeitet werden.

Wie immer gilt: Hans-Werner Sinn vertritt in diesem Buch teils unbequeme Standpunkte und bezieht Position für das aus seiner Sicht ökonomisch und deswegen letztlich auch politisch Richtige. Und doch ist er kein Mitglied einer politischen Partei und als Professor der Ludwig-Maximilians-Universität München und Präsident einer staatlich geförderten Forschungseinrichtung, des ifo Instituts, unabhängig und keinen wirtschaftlichen Einzelinteressen verpflichtet. Er äußert sich als Wissenschaftler und als engagierter Bürger, dem das Schicksal Europas und seiner Menschen am Herzen liegt.

»Wir sind gefangen im Euro und in der Euro-Rettungsmaschinerie«, ruft uns Hans-Werner Sinn zu: fachlich exakt auf den Punkt gebracht und verfasst mit dem leidenschaftlichen Willen zu Aufklärung und Einmischung. »Viel Kapital, das uns einmal gehörte, wurde schon verbrannt. Südeuropa versinkt in einer Massenarbeitslosigkeit. Nur mit einer beherzten Politik, die aufhört, die ökonomischen Gesetze zu missachten, können wir das europäische Einigungswerk retten und eine neue Perspektive für unsere Nachbarn und uns selbst eröffnen. Die brauchen wir unbedingt.«

Jens Schadendorf

Co-Herausgeber der Edition Debatte

München, im März 2014

PROLOG
POLITISCHE INTERESSEN, ÖKONOMISCHE GESETZE UND DER EURO

Herr Sinn, Sie sind einerseits forschender Wirtschaftswissenschaftler. Andererseits wollen Sie die Öffentlichkeit aufklären, nicht selten mit Kampfgeist. Gerade in Sachen Euro reiben Sie sich noch heftiger als sonst an der Politik ...

Ja. Und das hat mit unterschiedlichen Ansprüchen und Sichtweisen zu tun. Denn es gibt politische Wahrheiten und wirkliche Wahrheiten. Politische Wahrheiten entstehen, indem hinreichend viele Politiker sie einander erzählen, bis sie selbst, die Medien und die Menschen sie glauben. Wirkliche Wahrheiten folgen aus statistischen Fakten sowie ökonomischen und naturwissenschaftlichen Gesetzen. Ich werde als Wirtschaftswissenschaftler von den Bürgern dafür bezahlt, dass ich die wirklichen Wahrheiten zu finden versuche. Die Vorstellung von der Existenz einer wirklichen Wahrheit, die sich nicht an dem orientiert, was in der Mediendemokratie mehrheitsfähig ist, mag manch einer für naiv halten. Aber davon gehen alle Wissenschaften aus.

Die Existenz wirtschaftswissenschaftlicher Wahrheiten wird häufig in Zweifel gezogen, weil sich die Wirtschaftswissenschaft mit der Politik beschäftigt und Antworten gibt, die mit Ideologien und bloßen Werturteilen konkurrieren. Es gehört aber zum Selbstverständnis einen Volkswirts, dass er sich davon, soweit es geht, freimacht. Dass anders denkende Politiker und Journalisten ihn trotzdem ideologisch verorten wollen, ist sein Schicksal. Das muss er hinnehmen, weil es sich nicht ändern lässt.

Seit es unser Fach gibt, steht es im Konflikt zwischen dem sogenannten Primat der Politik und den Gesetzen der Ökonomie. Nicht nur der Fall des Eisernen Vorhangs hat mich davon überzeugt, dass die Gesetze der Ökonomie sich letztlich durchsetzen werden. Mittel- bis langfristig ist keine Wirtschaftspolitik erfolgreich, die diesen Gesetzen widerspricht. Sie scheitert – auch wenn uns Politiker gern anderes glauben machen möchten, um wirtschaftliche Probleme in spätere Wahlperioden zu verschieben. So, wie das seit Jahrzehnten bei der Rente geschieht.

In Diktaturen kann es viele Jahrzehnte dauern, bis sich die Wahrheit durchsetzt, in Demokratien viele Jahre. Politiker, die die ökonomischen Gesetze missachten, mögen ein oder zwei Legislaturperioden damit durchkommen, doch irgendwann kommt es an den Tag, dass etwas falsch läuft. Dann kommen neue Politiker an die Macht und betreiben die Wende oder die Wende von der Wende. Es gibt Parteien, die sich dem Druck der Wähler nicht beugen, weil die Altvorderen, die ursprünglich die Fehlentscheidungen trafen, im Hintergrund aktiv bleiben und den Kurswechsel verhindern. Solche Parteien gehen auch schon mal unter und werden durch andere ersetzt. Oder sie werden so geschwächt, dass sie stark an Einfluss verlieren.

Und beim Euro?

Auch beim Euro zeigen sich die ökonomischen Gesetze unerbittlich. Kurzfristig – nach seiner Einführung – sah alles bestens aus. Aber nun zeigt sich, dass er Europa in eine ökonomische Zwickmühle gebracht hat, aus der es keinen leichten Ausweg mehr gibt. Excessive Kreditflüsse haben die Länder Südeuropas in die Inflation getrieben und ihrer Wettbewerbsfähigkeit beraubt. Ohne Euro-Austritt kämen diese Länder nur dann aus ihrer Misere wieder heraus, wenn sie eine lange Phase der Stagnation und Deflation akzeptierten, die die Inflation wieder neutralisiert. Während einer solchen Phase herrscht indes eine Massenarbeitslosigkeit, an der die Gesellschaft zerbrechen kann. Diese Gefahr sollte man nicht unterschätzen. Wird aber versucht, die Massenarbeitslosigkeit durch nachfragestimulierende Maßnahmen abzumildern – etwa durch schuldenfinanzierte Konjunkturprogramme –, dann entsteht ein chronisches Siechtum, weil die Deflation nicht stattfindet und sich die Wettbewerbsfähigkeit nicht verbessert. Genau das zeichnet sich ab. Die Länder Südeuropas sind im Euro gefangen, weil der Austritt als politisches Unglück deklariert wird und sie im Euro nur dann wieder wettbewerbsfähig werden, wenn sie zuvor eine lang währende Massenarbeitslosigkeit erdulden, die weit über das hinausgeht, was man von Tiefpunkten in konjunkturellen Zyklen kennt. Das ist eine fast ausweglose Situation.

Und wir Deutschen? Sind wir durch die ökonomischen Gesetze nicht auch im Euro gefangen?

Ja, aber anders. Wir sind in eine Situation geraten, in der man von uns fordert, durch immer mehr öffentlichen Kredit und immer mehr Kreditgarantien über die Europäische Zentralbank und die Rettungsfonds die zerstörte Wettbewerbsfähigkeit der südlichen Länder zu kompensieren. Uns scheint es zwar gut zu gehen, weil die Kapitalexporte aus Deutschland heraus den Eurokurs niedrig und Krisenländer liquide halten, sodass unser Güterexport ganz gut läuft. Aber der Schein trügt insofern, als es uns letztlich nicht gelungen ist, für die Exporte ein hinreichend solides und ertragreiches Auslandsvermögen aufzubauen. Zu Hause haben wir nicht mehr genug investiert, und die Auslandsinvestitionen erwiesen sich, soweit sie finanzieller Art waren und über unsere Banken und

Lebensversicherungen flossen, als Flop. Um es auf eine Kurzformel zu bringen: Wir haben genug Arbeit, doch das Vermögen geht verloren. Uns geht es also nur scheinbar gut. Das wird in den nächsten zwei Jahrzehnten jedermann klar werden, nämlich dann, wenn die Babyboomer, die jetzt 50 sind, ins Rentenalter kommen und von ihren mittlerweile erwachsenen Kindern ernährt werden wollen, von denen es nur wenige gibt, und sich das vermeintliche Auslandsvermögen unserer Banken und Versicherungen in Luft aufgelöst hat.

Doch damit nicht genug: Auf der zwischenstaatlichen Ebene hat die Krise Spannungen hervorgebracht, wie wir sie in Europa – abgesehen vom Ost-West-Konflikt – seit dem Ende des Zweiten Weltkriegs nicht mehr erlebt haben. Und das paradoxerweise als Ergebnis eines politischen Friedensprojektes! Helmut Kohl hat den Euro ja nicht ökonomisch begründet, sondern als großes europäisches Friedensprojekt. Er war kein Ökonom, und er hörte auch wenig auf ökonomische Argumente. Die Folgen erleiden wir heute und noch stärker in der Zukunft.

Gerade beim Euro sehen wir also: Die Politik kann nicht auf Dauer gegen die ökonomischen Gesetze funktionieren. Die Geschichte hat gezeigt, dass sich die ökonomischen Gesetze letztlich durchsetzen – es sei denn, es kommt zu politischen Megaereignissen, wie es z. B. Kriege sind. Aber ohne solche Eruptionen setzen sich die ökonomischen Gesetzmäßigkeiten durch. Das gilt auch für den Euro und die Eurorettungspolitik. Je länger diese Politik versucht, die Gesetze der Ökonomie zu ignorieren – und das tut sie derzeit immer noch –, desto mehr müssen künftige Generationen dafür bezahlen.

Teil I: Die Eurokrise verstehen – ein Drama in sieben Akten

Missachtung des Maastrichter Vertrags: Die Kreditblase als erste Krisenstufe

Wann haben Sie erstmals geahnt und verstanden, dass der Euro eine Fehlkonstruktion darstellt?

Vor zwei Jahrzehnten, als der Maastrichter Vertrag beschlossen wurde, war der Euro für mich kein Forschungsthema. Damals hatte ich mein Augenmerk auf die Steuertheorie und die deutsche Vereinigung gerichtet. So gewann ich leider erst recht spät Einblick in das europäische Währungssystem und damit eine kritische Einstellung zum Euro.

Wie viele andere Bürger hatte ich seine Einführung zunächst begrüßt: »Eigentlich ganz schön, wenn wir eine gemeinsame Währung haben«, dachte ich. So bringen wir den politischen Einigungsprozess in Europa voran, und das müssen wir, weil es dem Frieden dient. Außerdem war ich – und bin es nach wie vor – davon überzeugt, dass völlig flexible Wechselkurse, wie wir sie nach der Aufhebung des Bretton-Woods-Systems im Jahr 1973 hatten, viel Unheil anrichten können. Das Wechselbad der Auf- und Abwertungen zwischen Dollar und D-Mark in den 1970er-Jahren, durch die Exportindustrien an- und ausgeknipst wurden, hatte ich immer als abschreckendes Beispiel vor Augen. Insofern habe ich den Euro verteidigt.

Ich erinnere mich aber, dass ältere Fachkollegen, die im Bereich der Geldpolitik geforscht hatten, fast unisono gegen die Einführung des Euro waren. Es gab sogar in Deutschland einen Aufruf gegen seine Einführung, der von 155 Volkswirten unterzeichnet wurde. Ich habe damals nicht unterschrieben, weil ich dachte, dass der Euro der europäischen Integration zuträglich sei und weil ich an die Umsetzbarkeit der Grundprinzipien des Maastrichter Vertrags glaubte – der neben der gemeinsamen Verrechnungseinheit auch festlegt, dass ein Land nicht für die Schulden anderer Länder verantwortlich ist. Diese Nicht-Beistands- oder No-Bailout-Klausel war und ist für mich der Dreh- und Angelpunkt der Konstruktionsidee des Euro. Dass sich ungeachtet dieser Kernaussage des Vertrages doch eine Verantwortlichkeit für die Staatsschulden anderer Länder herausstellen und die Finanzmarktteilnehmer davon ausgehen würden, es könne beim Investieren in Südeuropa nichts schiefgehen, weil im Zweifelsfall bestimmte europäische Rettungsaktionen stattfinden würden – das habe ich damals leider unterschätzt. Aus heutiger Sicht war es blauäugig zu glauben, dass man die Spielregeln für das neue Europa auf dem Papier festlegen könne, ohne zugleich über Institutionen zu verfügen, die ihre Einhaltung erzwingen. Meine älteren Kollegen hatten leider recht. Nun bin ich selbst älter und würde mich als Wissenschaftler schämen, wenn ich meine falsche Einschätzung angesichts der leidvollen Erfahrungen, die wir mit der Regeltreue der europäischen Regierungen machen mussten, nicht zugeben würde. Ein seriöser Wissenschaftler ist kein auf seine Wiederwahl fokussierter Politiker, der immer recht behalten will – im Zweifel zulasten späterer Generationen –, sondern er lernt durch die Fakten und ändert seine Meinung, wenn sie ihn dazu zwingen.

Die Missachtung des Maastrichter Vertrages war also der Grundstein für die derzeitige Misere?

Rückblickend betrachtet ja. Die Schaffung des Euro war die erste Stufe eines Dramas in sieben Akten, denen die Eurokrise gefolgt ist. Es war ein Fehler, daran zu glauben, dass das Beistandsverbot nach Artikel 125 des Maastrichter EU-Vertrages ernst genommen werden würde. Dieses Beistandsverbot besagt ja, verkürzt ausgedrückt, dass ein Euroland nicht für die Schulden eines anderen einstehen darf. Hätten die Anleger dieses Verbot ernst genommen, dann hätten sie von vornherein gewusst, dass sie im Risiko standen, wenn sie ihr Kapital nach Südeuropa und Irland bringen, und sie hätten kräftige Zinsaufschläge verlangt. Das wiederum hätte die Südländer und Irland von ihrer übermäßigen Verschuldung abgehalten, durch die schädliche Inflationsblasen entstanden sind, die sie ihrer Wettbewerbsfähigkeit beraubt haben.

Wie hätte der Maastrichter Vertrag stattdessen angelegt werden müssen?

Um den Kapitalmärkten zu signalisieren, dass das Beistandsverbot ernst gemeint war, hätte man mit dem Maastrichter Vertrag eine Konkursordnung für Staaten einführen müssen. Damit wäre den Gläubigern der Südländer und Irlands, also den Anlegern, die ihnen Geld liehen, von Anfang an unmissverständlich klar gewesen, dass Staatskonkurse möglich sind und dass sie im Fall des Falles keine Hilfen erhalten, sondern mit empfindlichen Vermögensverlusten rechnen müssen. Das wäre insbesondere für diejenigen Euroländer sinnvoll gewesen, die erst nach der Beseitigung des Wechselkursrisikos als quasi sichere Anlageorte angesehen wurden und deshalb sehr viel Kapital ansogen, das sich vorher nicht dorthin getraut hatte.

Aber so weit dachte in Brüssel offenbar niemand. Man wollte bewusst den Kapitalexport in die peripheren Länder des Südens und Irlands fördern, statt ihn zu verlangsamen. Warnsignale jedweder Art wurden ignoriert. Man hat das System so gestrickt, dass ein Maximum an Sorglosigkeit bei den Anlegern auf den Kapitalmärkten erzeugt wurde, um möglichst viel Sparkapital vom Norden in den rückständigen Süden zu leiten.

Wie sah dieses System konkret aus – vor allem mit Blick auf die wechselseitigen Abhängigkeiten zwischen Staatsverschuldung und Bankentätigkeit?

Unter anderem gestaltete man das Regulierungssystem für die Banken so, dass die Staatspapiere aller EU-Länder im eklatanten Widerspruch zum Beistandsverbot des Maastrichter Vertrages als absolut sicher deklariert wurden. Die Banken mussten keinerlei Eigenkapital als Sicherheiten vorhalten, wenn sie diese Staatspapiere kauften. Sie bauten ihre Bilanzen auf Sand.

Durch das Regulierungssystem wurden griechische und deutsche Staatspapiere von Anfang an als gleichermaßen sicher deklariert, um den Kapitalfluss nach Griechenland zu fördern. Dass die Banken des Nordens sich daraufhin mit den Staatspapieren der vor der Ankündigung des Euro noch als marode angesehenen Südländer vollpumpten, bloß weil die ein paar Zehntel Prozentpunkte mehr an Zinsen brachten, darf einen nicht wundern. Bei den Versicherungen war es übrigens ähnlich, denn das Regulierungssystem erlaubte es auch ihnen, in Staatspapiere beliebiger EU-Länder zu investieren, ohne Eigenkapital vorhalten zu müssen.

Der Regulierungsfehler bei den Banken ist zwar schon im Baseler Abkommen zur Bankenregulierung, das weltweit gilt, enthalten. Doch die EU hat ihn auf dem Wege einer Verordnung noch verstärkt. Denn sie erlaubte jenen Banken, die sich nicht auf eine pauschalierte Standardmethode zur Wahl der Risikogewichte für die Eigenkapitalunterlegung verlassen wollten und es vorzogen, ihre eigenen risikotheoretischen Modelle zu verwenden, eine Art Rosinenpicken. So durften sie den Staatspapieren sogenannte Risikogewichte von null zuweisen, obwohl ihre Modelle sagten, dass diese Papiere riskant waren. Das hört sich sehr technisch an, hatte aber einschneidende Folgen. Denn die Banken pumpten fortan ihre Bilanzen auch mit riskanten Staatspapieren voll – was die Staaten im Gegenzug ermunterte, sich immer weiter zu verschulden. Leider hat sich daran bis zum heutigen Tage nichts geändert. Das neue Regulierungssystem für die Banken, Basel III, sieht weiterhin Risikogewichte von null für die von Banken gehaltenen Staatspapiere vor.

Auf dem Verordnungswege wurde der Maastrichter Vertrag also von Beginn an ausgehöhlt. Schon damals hätte man aufschreien und dieser Praxis Einhalt gebieten müssen. Mit »man« meine ich: die deutsche Politik. Das geschah aber nicht, weil das System auch unseren Banken zu nützen schien. So nahm des Dramas erster Akt seinen Lauf – ohne dass es irgendjemand merkte oder merken wollte.

Es kam hinzu, dass die Existenz der EZB und des Eurosystems mit seinen nationalen Notenbanken die Investoren beim Verleih von Geld an die Banken der heutigen Krisenländer in Sicherheit wiegte. Man konnte sich beim besten Willen nicht vorstellen, dass Länder pleitegehen, die über eine eigene Gelddruckmaschine für Euros verfügen. Vielmehr ging man davon aus, dass die nationalen Notenbanken den Geschäftsbanken im Krisenfall genug neues Geld leihen würden, um ihre Gläubiger damit auszuzahlen, zumal ja die dabei entstehenden Risiken im Eurosystem sozialisiert wurden. Abschreibungen auf möglicherweise faul werdende Kredite der Notenbanken an die heimischen Geschäftsbanken teilen sich die Notenbanken des Eurosystems in Proportion zur Landesgröße. Später hat man dann ja auch tatsächlich die Krise dadurch bekämpft, dass die Notenbanken der Krisenländer die nationalen Druckerpressen aktivierten.

Aus all diesen Gründen wurden die Anleger der Sorge enthoben, dass sie ihr Geld nicht zurückbekommen würden, und es floss viel billiger, privater Kredit in den Süden und nach Irland. Als Folge ergab sich eine rasche Konvergenz der bislang noch rückständigen Staaten, aber es kam viel zu viel Fahrt auf.

Inwiefern? Und wie wirkte sich das auf die südlichen Länder aus?

Es entwickelten sich Kreditblasen mit inflationärer Überhitzung, die die Wettbewerbsfähigkeit unterminierten. In Griechenland und Portugal floss der Kredit in den Staatssektor und ermöglichte exorbitante Lohnerhöhungen und eine Ausweitung der staatlichen Beschäftigung. In Spanien und Irland floss er zu den Baugesellschaften und privaten Häuslebauern, die damit immer mehr Neubauprojekte finanzierten, was die Löhne im Bausektor hochtrieb. Im Endeffekt war es egal, wie der Kredit ins Land kam, denn der jeweils andere Sektor profitierte mit. In Griechenland bauten die Staatsbediensteten mit ihren kreditfinanzierten Löhnen neue Häuser, und in Spanien bezahlten die Bauarbeiter und Hausbesitzer aus ihren kreditfinanzierten Lohn- und Vermögenszuwächsen mehr Steuern an den Staat. Auf jeden Fall kam es zu einer dramatischen Ausweitung der binnenwirtschaftlichen Aktivitäten, die die Arbeitslosigkeit reduzierte und die Löhne schneller erhöhte als die Produktivität. Das verursachte die Inflation, die die Länder ihrer Wettbewerbsfähigkeit beraubte. Die Exporte wurden gedämpft, und aus den kreditfinanzierten Löhnen wurden immer mehr Importe bezahlt. Es entstanden riesige Leistungsbilanzdefizite, die durch immer mehr Kredite aus dem Ausland finanziert werden mussten.

Ein Leistungsbilanzdefizit ist grob gesprochen ein Überschuss der Importe und Nettozinsverpflichtungen gegenüber dem Ausland über die Summe aus Exporten und möglicherweise vom Ausland erhaltenen Geschenken. Ein solches Defizit ist gleichbedeutend mit einem Nettokapitalimport, also einer Nettokreditaufnahme im Ausland oder einem Verkauf von Vermögensgütern an das Ausland, denn ohne sie ließe sich das Defizit nicht realisieren. Umgekehrt ist ein Leistungsbilanzüberschuss, also ein Überschuss der Exporte und erhaltenen Geschenke über die Summe aus Zinszahlungen an das Ausland und Importen, einem Nettokapitalexport gleich. Ein Land mit einem Leistungsbilanzüberschuss erwirbt netto Vermögenstitel im Ausland, baut also ein Auslandsvermögen auf. Deutschland wurde nach der Einführung des Euro nach China der zweitgrößte Nettokapitalexporteur und ist heute sogar der größte. Kein anderes Land hat einen so großen Leistungsbilanzüberschuss wie wir. Die südlichen Euroländer entwickelten demgegenüber riesige Leistungsbilanzdefizite, die sich erst seit Beginn der Krise allmählich abgebaut haben.

Und heute?

Heute sitzen die Südländer – Griechenland, Portugal, Zypern, Spanien und auch Italien – in der Falle. Ihre Löhne und Preise wurden durch den billigen Kredit aus dem Ausland in den Himmel gehoben. Und nun, da der Kredit nicht mehr fließt, müssen sie auf den Boden der Tatsachen zurück und Preis- und Lohnsenkungen akzeptieren. Aber es ist wie bei einem alten Wecker, den man nicht zurückstellen kann. Will man die Preis- und Lohnsteigerungen wieder zurückdrehen, läuft man Gefahr, dabei die Gesellschaft zu zerstören. Viele Menschen in den Krisenländern sind über beide Ohren verschuldet – immerhin haben wir es ja mit einer Kreditblase zu tun – und könnten ihren Schuldendienst nicht mehr leisten, wenn die Preise und Löhne tatsächlich erheblich zurückgingen. Verständlicherweise wehren sie sich. Wenn sie sich aber wehren und das ökonomisch Unabweisliche nicht akzeptieren, dann entsteht eine Massenarbeitslosigkeit, wie wir sie in Südeuropa nun beobachten. An diesem Konflikt kann eine Gesellschaft zerbrechen.

Welche weiteren Fehler wurden bei der Einführung des Euro begangen?

Es war zum Beispiel ein weiterer massiver Fehler, den Euro gleich mit den hochverschuldeten Ländern Südeuropas zu beginnen. Diese Länder wollten unbedingt in den Euro, weil sie ihre hohen Zinsen durch den impliziten Schutz, den die Euro-Gemeinschaft den Investoren bot, loswerden wollten. Aber genau deswegen hätten sie nicht mitmachen dürfen. Kohl hat immer betont, dass der Euro keine Schuldengemeinschaft sein werde. Das wurde er aber, weil die Zinssenkung die inflationäre Kreditblase erzeugte, die Südeuropa so zu schaffen macht. Durch die Schutzversprechen der EZB, die Rettungsaktionen und die Bankenunion ist der Prozess der Schuldenvergemeinschaftung nun in vollem Gange, denn das Geld der Staatengemeinschaft ersetzt nun die privaten Kredite, die der Euro im Übermaß nach Südeuropa gelockt hatte.

Anfangs hieß es noch, es dürften nur Länder beim Euro mitmachen, die gemessen am Bruttoinlandsprodukt weniger als 60 Prozent Staatsschulden aufweisen. Doch dann wurden auch Italien und Belgien aufgenommen, obwohl deren Schulden bei 120 Prozent lagen. Auch andere Länder wie die Niederlande, Spanien, Österreich und Irland mit Schuldenquoten im Bereich von 64 bis 68 Prozent durften mitmachen. Von Anfang an haben die Länder der Eurozone gezeigt, dass sie ihre selbst gesetzten Schuldenregeln nicht einhalten würden. Dazu war die Verlockung der niedrigen Zinsen, die der Euro brachte, einfach zu groß.

Auch Deutschland hat die Defizitgrenzen nicht eingehalten, als das Kapital aus Deutschland floh, wir eine kaum noch beherrschbare Massenarbeitslosigkeit hatten und Schröder gewissermaßen Feuerschutz für seine Agenda 2010 brauchte. Aber Portugal und Griechenland haben die Defizitgrenzen seit ihrem Beitritt zum Euro nicht in einem einzigen Jahr eingehalten, obwohl sie anfangs ein tolles Wirtschaftswachstum aufwiesen und die Steuereinnahmen nur so sprudelten.

Die Zinsvorteile, die der Euro den Südländern brachte, waren riesengroß. Die italienischen, spanischen und portugiesischen Zinsen lagen in den fünf Jahren vor der verbindlichen Euro-Ankündigung auf dem Gipfel von Madrid im Jahr 1995 um etwa fünf Prozentpunkte über den deutschen, doch schon zweieinhalb Jahre nach dem Gipfel, als die Umrechnungskurse für den Euro-Eintritt unwiderruflich festgelegt wurden, war der Zinsunterschied praktisch verschwunden. Der Zinsgewinn des italienischen Staates war größer als das gesamte italienische Mehrwertsteueraufkommen. Hätte der italienische Staat diesen Gewinn zur Schuldentilgung verwendet, läge die staatliche Schuldenquote, die bei Eintritt bei 120 Prozent lag, heute nur noch bei 57 Prozent. Tatsächlich beträgt sie 133 Prozent. Offenbar hat der italienische Staat den riesigen Zinsvorteil, den ihm der Euro brachte, verfrühstückt.

Hand aufs Herz: Wer würde heute noch sagen, er wolle den Euro unter den gleichen Bedingungen noch einmal einführen? Jetzt, da man weiß, was daraus geworden ist? Martin Wolf meinte dazu in der *Financial Times* lakonisch, nur ein Masochist könne sich hier melden.

Der Holländer Frits Bolkestein, der einmal einer der einflussreichsten EU-Kommissare war, hat seinem Land empfohlen, den Euro aufzugeben, weil er das Projekt für misslungen hält. Und Silvio Berlusconi, der ehemalige italienische Ministerpräsident, hatte im Herbst des Jahres 2011 bereits Geheimverhandlungen über den Austritt Italiens mit wichtigen Regierungen der Eurozone geführt. So jedenfalls berichtet es sein Landsmann Lorenzo Bini Smaghi, seinerzeit Mitglied des Direktoriums der EZB.

Wann dachten Sie das erste Mal, dass da etwas grundsätzlich falsch läuft?

Mir kamen in der zweiten Hälfte der 1990er-Jahre Bedenken, als Deutschlands wirtschaftliche Dynamik spürbar nachließ und sich abzeichnete, dass es einer Reihe von Ländern gelungen war, sich durch die Manipulation ihrer staatlichen Budgetdefizite und die Ignorierung des Schuldenkriteriums den Beitritt zu erschleichen. Das betraf insbesondere Italien. Italien trickste mit rückzahlbaren Steuern, die in Wahrheit Staatsschulden waren. Dabei hatte das Land eine Schuldenquote vom Doppelten des erlaubten Wertes. Bei aller Kritik dachte ich aber damals, dass das nur bedauerliche

Nebenaspekte des Geschehens seien und dass die positiven Aspekte des Euro überwogen.

Kritisch war ich auch, als ich in den Jahren 2002 und 2003 verschiedene Arbeiten zu Deutschlands Wachstumsschwäche veröffentlichte. Ich betonte den Zusammenhang mit dem Euro und wies auf den gewaltigen Kapitalabfluss nach Südeuropa und die erschreckend niedrige Investitionstätigkeit in Deutschland hin, die Deutschland zum Schlusslicht beim Wirtschaftswachstum machten. Aber ich zog daraus nicht den Schluss, dass die Euro-Einführung falsch war, sondern verlangte stattdessen Reformen. Ich verwies auf die geringe Lohnspreizung in Deutschland, die uns zum Weltmeister bei der Arbeitslosigkeit der Geringqualifizierten gemacht hatte und auf einen falsch konstruierten Sozialstaat zurückzuführen war. Eine aktivierende Sozialpolitik schien mir die richtige Antwort auf die Probleme zu sein, und in der Tat wurde sie dann ja von Kanzler Schröder mit der Agenda 2010 eingeführt. Durch Lohnzuschüsse wollte ich einerseits Lohnsenkungen ermöglichen, um neue Arbeitsplätze zu schaffen, andererseits aber die Einkommen der Geringqualifizierten stützen.

Zu einem besonderen Problem wurden damals die osteuropäischen Länder, die um die Jahre 2004/2005 der EU beitraten und den westeuropäischen Arbeitnehmern mit extrem niedrigen Löhnen Konkurrenz machten. Das war ein großes Problem für den deutschen Arbeitsmarkt, über das ich vielfach geschrieben habe. Aber es war zugleich eine Chance für die deutschen Unternehmen, die dort ihre Wettbewerbsfähigkeit als solche sichern konnten. Zum Glück hat sich Deutschland durch Lohnzurückhaltung vor allzu großen Verwerfungen schützen können und schließlich sogar wieder zu neuem Wachstum gefunden.

Für die Länder Südeuropas freilich sollte sich die Osterweiterung der EU zu einer wahren Katastrophe entwickeln, denn ihre Löhne schossen, finanziert durch den ausländischen Kredit, in die Höhe und entwickelten sich genau in die falsche Richtung. Heute stellen die Lohnunterschiede zwischen den süd- und osteuropäischen Ländern ein fast unlösbares Problem für die Südländer dar. So lagen die polnischen Lohnkosten in der Industrie bei der letzten Erhebung aus dem Jahr 2012 bei knapp 7 Euro die Stunde, während sie in Spanien mehr als 22 Euro und in Griechenland mehr als 15 Euro betrugen. Spanische Arbeiter waren also mehr als dreimal und griechische mehr als doppelt so teuer wie die polnischen. Und selbst bei einem Standortvergleich mit Tschechien oder der Slowakei schneidet Spanien schlecht ab, weil ein Unternehmer in Spanien mehr als doppelt so viel für seine Arbeiter zahlen muss wie dort. Auch Griechenland hat mit seinen exorbitanten Lohnkosten keinerlei Chance, zumal an den Fleiß und die Qualität osteuropäischer Arbeitskräfte so schnell keiner herankommt. Das alles kann so im Euro nicht gutgehen. Es wird sehr, sehr lange dauern, bis sich diese Unterschiede eingeebnet haben und die südlichen Euroländer dem Wettbewerbsdruck im Euroverbund werden standhalten können.

In den Jahren vor der Finanzkrise haben mir zudem die exzessiven Kapitalimporte der USA Sorgen bereitet. Das Thema habe ich regelmäßig bei meinen Vorträgen behandelt, so auch bei den Vorträgen bei den ifo Jahresversammlungen vor großem Auditorium. Ich weiß noch, dass mich einige Teilnehmer als übermäßig pessimistisch empfanden. Meine Kassandra-Rufe kamen nicht allzu gut an. Dass die Dinge nicht so weitergehen konnten, war indes klar. Genauso klar war, dass sich in den USA eine Blase entwickelte. Wann sie platzen würde, das vermochte man natürlich nicht zu sagen. Ich kam mir schon etwas eigenartig vor, als ich Jahr um Jahr vor den Gefahren der großen Außenhandelsdefizite der USA warnte, ohne dass die Krise ausbrach …

Sind die Ökonomen schuld? Oder: Warum auch wir für Cristiano Ronaldo haften

Virulent wurde die Krise dann ab 2007, als mit Beginn der Finanzkrise die Probleme zutage traten ...

Ja, die Situation gewann schlagartig an Brisanz, als im August 2007 der Interbankenmarkt erstmals zusammenbrach und in der Folge einzelne Banken in Schwierigkeiten gerieten. Da war zunächst im September 2007 die britische Bank Northern Rock, die Opfer eines *Bank Runs* wurde. Als Bank Run bezeichnet man ja eine Vertrauenskrise einer Bank, die dazu führt, dass die Kunden Schlange stehen, um ihre Konten abzuräumen und ihr Geld in Sicherheit zu bringen. Da keine Bank das Geld hat, von dem sie behauptet, dass sie es hätte, ist die Insolvenz der Bank die sofortige Folge eines Bank Runs, es sei denn, es kommt Hilfe von außen. In diesem Fall half nach einigem Zögern die britische Zentralbank mit frischem Geld. Aber das half alles nichts, denn die Bank hatte nicht nur Liquiditätsprobleme, sondern war auch bankrott. Sie wurde daraufhin im Februar 2008 verstaatlicht.

Die beginnende Krise griff dann schlagartig auf Deutschland über ....

So ist es. In Deutschland traf es im Herbst 2007 und im darauffolgenden Winter zuerst die IKB Deutsche Industriebank, die teilweise über die Kreditanstalt für Wiederaufbau (KfW) im Besitz des Bundes war, und die Sächsische Landesbank, deren irische Tochter Sachsen Europe LB sich verzockt hatte. Bezeichnenderweise waren beide Banken zumindest teilweise in staatlichem Besitz.

Und dann kamen viele amerikanische Banken in Bedrängnis, allen voran die große Investmentbank Bear Stearns. Dass die Konjunktur einbrechen würde, hatte ich aufgrund des untrüglichen ifo-Indexes schon im Frühjahr 2008 festgestellt. »Die Party ist vorbei« war der Titel eines Zeitungsartikels aus dem März 2008. Ich erinnere mich, wie ich im Juni beim Jahrestreffen der deutschen Maschinenbauer das Ende der Konjunktur im Maschinenbau vorhersagte und man mich verständnislos anschaute. Einen Einbruch der Konjunktur könne man nicht bestätigen, hieß es. Das war nur wenige Monate vor dem Einbruch der Weltkonjunktur. Man spricht deshalb auch heute von der Großen Rezession in Anlehnung an die Große Depression, den Zusammenbruch der Weltwirtschaft in der Weltwirtschaftskrise Ende der 1920er-Jahre.

Die wirkliche Katastrophe kam mit dem Fast-Zusammenbruch des Weltfinanzsystems nach der Pleite der US-amerikanischen Investmentbank Lehman Brothers im September 2008, rund ein Jahr nach Northern Rock. Damals standen wir überall auf der Welt kurz vor einem Bank Run. Bei einer namhaften süddeutschen Bank wurden um den 8. Oktober herum pro Tag so viel Geld abgehoben wie sonst in einem Monat. Die Geldtransporter kamen bei der Bestückung der Filialen und Geldautomaten mit frischem Geld schon nicht mehr nach. In Norddeutschland mussten in großem Stil Kassenautomaten abgestellt werden. Man half sich mit der Notlüge, ein Marder habe die Datenleitung zerbissen.

Die US-amerikanische Finanzkrise war also nach Europa übergeschwappt und hatte die Banken und Anleger in Angst und Schrecken versetzt. Die weigerten sich in der Folge, die durch die Inflation in den Südländern entstandenen Leistungsbilanzdefizite weiterhin zu finanzieren, waren also nicht mehr bereit, das Leben auf Pump länger mitzumachen.

Ich schrieb damals, im Herbst 2008, mein Buch *Kasino-Kapitalismus*, das dann bereits im Frühjahr 2009 als eines der ersten Bücher zur Finanzkrise herauskam. Es konzentrierte sich zwar auf die US-amerikanischen Ursachen der Krise, enthielt aber auch ein Kapitel zu den Gefahren für die überschuldeten europäischen Staaten, allen voran Italien. Eigentlich hatte ich mich damals etwas zurücklehnen wollen, denn kurz zuvor war im Oktober 2008 mein Buch *Das grüne Paradoxon* herausgekommen, ein dicker Wälzer zum Klimaproblem mit vielen empirischen Daten, der mich viel Kraft gekostet hatte. Aber die plötzliche Krise und die bisweilen hysterischen Emotionen der Medien, die sich gegen alles richteten, was nach Ökonomie roch oder reich, bürgerlich und bankennah war, veranlassten mich, alles stehen und liegen zu lassen und eine ökonomische Interpretation der Krise zu versuchen. Die sollte unbedingt vorliegen, bevor die Gegner der Marktwirtschaft die Interpretationshoheit über das Geschehen gewinnen konnten und sich die irrationalen Ängste und Emotionen der Bevölkerung und der Medien möglicherweise in Ereignissen entladen würden, die keiner mehr würde steuern können.

Die Ökonomen sind in der öffentlichen Debatte auch unter Druck geraten. Unter anderem wird gefragt, ob sie in ihren Modellen nicht von falschen Annahmen zu menschlichem Verhalten ausgehen und daher zu falschen wirtschaftlichen Erklärungen und Vorhersagen kommen. Zu solchen etwa, die die drohende Eurokrise nicht erkannten ...

Diese Diskussion halte ich für irreleitend. Sie wird bisweilen von Leuten geführt, die von Ökonomie keine Ahnung haben und die dort gelehrten mathematischen Theorien nicht verstehen. Da heißt es dann: Wir sehen, dass die Märkte nicht funktioniert haben, also hat die moderne Volkswirtschaftslehre, die behauptet, sie täten es, offenbar versagt. Das Modell des sogenannten *Homo oeconomicus*, das der Volkswirtschaftslehre zugrunde liegt, funktioniert wohl nicht. Mit Verlaub, aber das ist Unsinn. Volkswirte arbeiten mit dem vereinfachten Verhaltensmodell eines egoistischen und rational handelnden Menschen: des Homo oeconomicus. Das ist ein Idealtypus, von dem angenommen wird, er kümmere sich um sein Eigenwohl und wisse, was er will. Damit wollen wir nicht sagen, dass uns der unterstellte Egoismus gefällt. Man hofft ja immer von sich selbst, dass man etwas anders gestrickt ist.

Neuerdings gibt es weltweit viele Forscher, die die Sinnhaftigkeit des Homo oeconomicus diskutieren. Das ist sicher gut so. Ihre Ergebnisse erwecken bezüglich bestimmter Entscheidungssituationen berechtigte Zweifel an der Erklärungs- und Prognosekraft dieser Kunstfigur. Dem müssen wir nachgehen und dafür nach besseren Modellen suchen.

Aber diese Zweifel und diese Suche haben nichts mit der Krise zu tun. Die europäische Finanzkrise ist nicht entstanden, weil die Akteure auf den Finanzmärkten irrational oder altruistisch gehandelt haben. Sie ist vielmehr aus Systemfehlern, aus Fehlern im Gefüge der institutionellen Spielregeln der Marktwirtschaft erwachsen. Gerade Manager und Investoren kommen angesichts ihrer Intelligenz und vermutlich auch ihres Egoismus dem Modell des Homo oeconomicus recht nahe – und trotzdem funktionieren die Märkte nicht.

Der Clou ist ja gerade, dass kollektive Irrationalität aus individueller Rationalität entstehen kann. Es gibt institutionelle Rahmenbedingungen des Wirtschaftens, bei denen die individuelle Rationalität zu kollektiver Rationalität führt. Aber das ist beileibe nicht immer der Fall. Richtig interessant wird die Volkswirtschaftslehre dort, wo sie zeigt, wie Marktfehler im Zusammenspiel mit individueller Rationalität zu kollektivem Fehlverhalten führen. Marktfehler sind keine Denkfehler, sondern Fehler der Rahmenbedingungen selbst, wie sie durch Gesetze, Verordnungen und soziale Normen definiert sind. Die Annahme des Homo oeconomicus dient dazu, die Marktfehler – oder allgemeiner gesagt: Systemfehler – zu analysieren. Würde man unterstellen, dass die Menschen nicht wissen, was sie tun, dann fiele es schwer, die institutionellen Systemfehler von den Fehlern in den Köpfen der Menschen zu unterscheiden. Auch wenn es Letztere gibt – und es gibt sie, keine Frage –, unterstellen wir sie doch nicht gern in unseren Modellen, um die aus ihnen abgeleitete richtige Wirtschaftspolitik nicht paternalistisch begründen zu müssen und letztlich Gefahr zu laufen, eine Theorie der wohlmeinenden Diktatur zu entwickeln. Gerade wir Deutschen sollten wissen, wie groß eine solche Gefahr ist.

Wenn ein Volkswirt staatliche Interventionen in das Marktgeschehen fordert, dann geschieht das nie, weil er glaubt, die Menschen hätten die falschen Präferenzen oder seien dumm, sondern immer nur, weil er der Meinung ist, dass Systemfehler, d. h. Fehler bei der politischen Setzung von institutionellen Rahmenbedingungen, dazu führen, dass vermeintliche Nutzenmaximierung letztlich gar keine Nutzenmaximierung ist. Es ist der Grundkonsens der Ökonomen, dass hoheitliche Instanzen keine eigenen Wertvorstellungen haben dürfen, sondern nur solche, die sich aus den Wünschen der Menschen selbst herleiten und der Überwindung der kollektiven Irrationalität dienen. Die Unterwerfung unter hoheitliche Entscheidungen ist deshalb nur insofern zulässig, als die hoheitlichen Instanzen ihre Macht aus einem klugen Gesellschaftsvertrag mündiger Bürger ableiten und den Bürgern im demokratischen Prozess rechenschaftspflichtig sind.

Inwieweit ist dieses Verständnis von Gesellschaft wichtig für das Verstehen der Eurokrise, auch etwa für das Verhalten der Banken?

Die Zusammenhänge sind, wenn man sie einmal verstanden hat, im Grunde ganz einfach. Das übermäßig riskante Spiel, das die Banken in der Zeit vor der Krise gespielt haben, resultiert aus der Beschränkung der Haftung der Bankaktionäre auf das Eigenkapital und der Erlaubnis, die Bankgeschäfte nur mit einer winzigen Prise Eigenkapital zu führen. Selbst die Deutsche Bank hatte in den entscheidenden Jahren nicht einmal 2 Prozent Eigenkapital in der Bilanzsumme.

Wie gefährlich das werden kann, verdeutlicht folgendes Beispiel: Eine Bank besitzt 2 Euro, leiht sich 98 Euro und verleiht oder investiert dann 100 Euro. Wenn das gut geht, kann sie den Gewinn auf die 100-Euro-Investition an die Aktionäre ausschütten und ihnen durch die finanzwirtschaftlich sogenannte Hebelwirkung über Kredite eine fantastische Eigenkapitalrendite sichern. Und wenn die Dinge schieflaufen, dann ist die Haftung auf die Prise Eigenkapital, also auf die 2 Euro in meinem Beispiel, begrenzt. Denn mehr als das eingesetzte Eigenkapital können die Eigentümer der Bank nicht verlieren. Den Löwenanteil der Verluste tragen dann im marktwirtschaftlichen Idealfall die Gläubiger. Oder aber ihn tragen die Steuerzahler, die wie jetzt in der Eurokrise regelmäßig zu Hilfe gerufen werden, um die – politisch sogenannte – systemrelevante Bank und die dahinterstehenden Gläubiger und Aktionäre zu retten. Es ist für die Aktionäre und die Bankmanager, die für sie arbeiten, unter diesen Umständen individuell vollkommen rational, das Risiko zu suchen oder gar zu zocken, denn sie wissen: Machen sie Gewinne, gehören sie ihnen, und machen sie Verluste, zahlt der Staat bzw. seine Bürger. Es ist also die individuelle Rationalität, die zum kollektiven Desaster der Finanzkrise geführt hat. Irrationale Manager zu unterstellen, bringt keinerlei Erkenntnisfortschritt, sondern behindert und verwässert nur die Erkenntnis. Um Finanzkrisen zu bekämpfen, brauchen wir keine rationaleren Menschen – und woher sollten wir die auch nehmen –, sondern bessere Systemregeln, die Eigennutz und Rationalität der Individuen in die richtigen Bahnen lenken.

***

Wie könnte das konkret aussehen?

Ein Beispiel für eine sinnvolle Reform der Regeln ist, dass Banken und Hedgefonds gezwungen werden, mit viel mehr Eigenkapital zu arbeiten, damit die Eigentümer die Konsequenzen ihrer Entscheidungen nicht mehr so leicht auf andere abwälzen können. Dann werden sie mit ihren Managern Entlohnungssysteme vereinbaren, die zu einem vorsichtigeren Verhalten führen. Ich habe diese Zusammenhänge schon in verschiedenen Büchern dargelegt, zuletzt in *Kasino-Kapitalismus* aus dem Jahr 2009 – und da hatten wir die Krise bereits.

Aber mich hatte das Thema auch vorher schon sehr umgetrieben. Im Jahr 2003 zeigte ich in dem Buch *The New Systems Competition*, dass die Bankenregulierung im Systemwettbewerb erodiert und die Banken zulasten der Allgemeinheit zum Glücksspiel veranlasst. Genau das ist in der Eurokrise passiert – und passiert immer noch. Ich habe damals mit Verve vor den Gefahren einer übermäßigen Deregulierung der Banken gewarnt. In der Fachzeitschrift *Finanzarchiv* führte ich dazu auch eine vehemente wissenschaftliche Auseinandersetzung mit einigen liberalen Ökonomen, die im Gegensatz zu mir meinten, der Wettbewerb der Staaten werde schon ein effizientes Maß an staatlicher Regulierung hervorbringen. Und schon 2001 hatte ich vor versammelter Presse einen Plenarvortrag beim Verband der deutschsprachigen Wirtschaftswissenschaftler, dem

Verein für Socialpolitik, gehalten, in dem ich den Deregulierungswettbewerb im Bankwesen kritisierte.

Ich meine mit all dem nicht, dass ich das alles immer schon gewusst habe. Meinen Fehler bei der Einschätzung des Euro habe ich eingestanden. Aber durch meine jahrelange Forschung ist mir schon früh klar gewesen, dass mit der Deregulierung des Bankwesens ein großes Problem auf uns zurollt. Übrigens habe ich bereits in den 1990er-Jahren vor der Zockerei unserer Landesbanken in einem nur ihnen gewidmeten Buch, das auf Deutsch und Englisch herauskam, eindringlich gewarnt.

Hätte man nur damals schon etwas unternommen, wäre uns manches erspart geblieben. Aber meine Warnungen waren für die Medien damals kein Thema.

Woran lag das?

Weil die Zeit für eine solche kritische Sichtweise nicht reif war. Die Presse berichtet nur, wenn sie Themen für brisant hält. Damals war ich – im Gegensatz zu heute – zudem ein in der breiteren Öffentlichkeit kaum bekannter Forscher. Wenn aber ein bis dato relativ unbekannter Ökonom sich kritisch über die Deregulierung der Banken äußert, ist das keine Nachricht wert. Im Rückblick ist das in diesem Fall besonders bedauerlich.

Der Gipfel war freilich, dass die Presse später in der Krise – auf der Suche nach dem Sündenbock – mir und auch anderen Ökonomen pauschal vorwarf, wir seien für die Deregulierung der Banken gewesen. In der Wochenzeitung *Die Zeit* gab es einen Artikel mit der Überschrift »Die Täter«, in dem Friedrich Merz, Horst Köhler,

Arnulf Baring und ich selbst mit Steckbriefen abgebildet wurden. Wir wurden als die bösen Neoliberalen dargestellt, die die Deregulierung der Banken wollten und damit für die Krise verantwortlich waren.

Die Autorin kannte meine Arbeiten zur Bankenregulierung nicht. Dafür hatte sie ein umso starreres Bild von meiner Meinung, weil ich ihr in den Jahren zuvor offenbar als jemand aufgefallen war, der für die Deregulierung des Arbeitsmarktes und eine aktivierende Sozialpolitik eintrat. Das gefiel ihr erkennbar nicht, und für sie war das »der böse Neoliberalismus«. Ihr Bild von mir war also eigentlich ein *Feind*bild. Dass man gleichzeitig für die Deregulierung des Arbeitsmarktes und gegen die Deregulierung der Banken sein kann, kam ihr nicht in den Sinn, weil sie die Welt um sich herum ideologisch verortete. Ich war ein Neoliberaler, Punkt. Offenkundig ohne zu wissen, was der Neoliberalismus ist und will.

Dann haben Sie hier die Gelegenheit, eine Ehrenrettung für den wahren Neoliberalismus zu betreiben ...

Danke! Der Neoliberalismus unterscheidet sich vom klassischen Liberalismus – den die Autorin möglicherweise gemeint hat – gerade dadurch, dass er den starken Staat mit umfassenden regulatorischen Eingriffen in das Marktgeschehen fordert. Er wurde 1932 auf der letzten Jahrestagung des Vereins für Socialpolitik durch Ausführungen von Alexander Rüstow und andere begründet, bevor dieser Verband sich wegen der Machtergreifung der Nazis auflöste.

International wurde der Neoliberalismus als Lehre von der Zügelung der Marktwirtschaft 1938 bei einer Konferenz mit Ökonomen und Philosophen in Paris ausgerufen, an der auch Rüstow teilnahm.

Es ist geradezu absurd und zeugt von grenzenloser Ignoranz, wenn man den Neoliberalismus als die Lehre vom ungezügelten Kapitalismus versteht. Wer weiß schon, dass Rüstow sogar eine konfiskatorische Besteuerung der Erbschaften vorgeschlagen hat, was nicht nur mir befremdlich vorkommt?

Die Art, wie der Begriff »Neoliberalismus« in der deutschen Presse und Politik heute umdefiniert wird, ist unfassbar. Die Begriffsverwirrung rührt wahrscheinlich daher, dass einige angelsächsische Journalisten, die diese Historie nicht kannten, auch die sogenannten *Chicago Boys* – also die liberalen, durch die Universität Chicago geprägten Ökonomen, die Pinochet seinerzeit nach Chile holte, um die Wirtschaft auf Vordermann zu bringen – als Neoliberale bezeichneten. Trotzdem wundere ich mich, dass sich diese Interpretation in den deutschen Medien gegenüber der ursprünglichen deutsch-französischen Definition durchgesetzt hat. Gerade die deutschen Medien hätten das besser wissen können.

Neoliberalismus in der europäischen Interpretation ist dasselbe wie das, was Walter Eucken als Ordoliberalismus bezeichnete, also die Lehre von einem starken Staat, der der Wirtschaft einen festen Ordnungsrahmen und damit klare, verlässlich durchsetzbare Regeln vorgibt und so Machtmissbrauch verhindert. Hätten wir das alles, wären wir also im ursprünglichen Sinne »neoliberal« bei der Ausgestaltung des Eurosystems vorgegangen, dann hätten wir heute keine Krise.

Übrigens hat Bundespräsident Joachim Gauck im Januar 2014 in einer bahnbrechenden Rede anlässlich der 60-Jahr-Feier der Walter-Eucken-Gesellschaft in Freiburg auf die Verdienste neoliberaler Gedanken in ihrer Ursprungsform hingewiesen. Mehr noch: Er bekannte sich ausdrücklich zum Neoliberalismus als der ordnungspolitischen Basis der Bundesrepublik, wie sie in den Weichenstellungen von Ludwig Erhard und noch mehr seines Staatssekretärs Alfred Müller-Armack, Professor an der Universität Köln, zum Ausdruck kam.

Man beachte: Joachim Gauck bekannte sich dazu, der ehemalige Pastor aus einem Teil unseres Landes, in dem man vom Ordo- oder Neoliberalismus nichts hatte wissen können. Er sagte mir nach seiner Rede, er habe sich mit dem Thema lange und intensiv beschäftigt und wegen seiner Vergangenheit eine Weile gebraucht, bis er diese Zusammenhänge verstanden habe. Mich hat das beeindruckt.

Es mag sein, dass wir Volkswirte bei der europäischen Finanzkrise dennoch lange nicht aufmerksam genug waren oder uns nicht rechtzeitig laut genug zu Wort gemeldet haben. Aber zu sagen, wir seien zu marktgläubig und zu neoliberal gewesen und hätten die Krise besser verstehen oder sie sogar prognostizieren können, wenn wir den Homo oeconomicus als Grundfigur unserer Wissenschaft nicht hätten, sondern von einem trieb- und emotionsgesteuerten Menschenbild ausgingen, halte ich nicht für richtig.

Zweiter Akt: Selbstbedienung mit der Druckerpresse

Auf dem Markt lief es ja nach dem ersten krisenhaften Ausbruch recht bald wieder rund ...

Ja, denn die Maßnahmen, die die Europäische Zentralbank (EZB) im Herbst 2008 zur Krisenbekämpfung einleitete, waren beherzt und richtig. Das gilt insbesondere für die sogenannte Vollzuteilungspolitik, mit der den Banken die Kredite zur Verfügung gestellt wurden, die sie am Kapitalmarkt nicht mehr bekamen. Der zusammengebrochene Interbankenmarkt kam im Frühjahr 2009, ja eigentlich schon im Winter 2008/2009 sehr schnell wieder in Gang, das war wichtig. Auf dem Interbankenmarkt werden ja die Ersparnisse der Bürger zwischen den Banken weiterverliehen, um es den Banken im Endeffekt zu ermöglichen, damit reale private Investitionen in Maschinen und Gebäude, aber auch staatliche Budgetdefizite zu finanzieren.

***

Und dann?

Was ich nicht verstand, war, dass die EZB diese Maßnahmen nach erfolgreicher Stabilisierung des Interbankenmarkts nicht wieder zurücknahm, wie sie es angekündigt hatte. Als sie die Maßnahmen im Dezember 2009 auch nach der zweiten Ankündigung nicht zurücknahm, obwohl sich die Weltwirtschaft so rasch erholte, wie sie in die Krise gekommen war, keimte in mir der Verdacht, dass sie ihr Mandat überdehnen würde, um Zombie-Banken – also Banken, die eigentlich pleite sind, aber trotzdem weiterhin ihr Geschäft betreiben – vor der Insolvenz zu schützen und überschuldete Staaten durch zinsverbilligte Kredite über Wasser zu halten. Immerhin saßen die Vertreter dieser Staaten im EZB-Rat und hatten dort die Mehrheit.

Die Banken Südeuropas und Irlands fanden die Kredite, die sie von der EZB bekamen, zu verlockend, als dass sie bereit gewesen wären, die Konditionen des Kapitalmarktes zu akzeptieren. Und die Staaten wiederum brauchten die Banken, um ihnen ihre Staatspapiere zu verkaufen, für die sie sonst am Markt sehr hohe Zinsen hätten bezahlen mussten. Damals ist der gefährliche Zusammenhang zwischen staatlichen und privaten Kreditrisiken zustande gekommen, der heute von der EZB und den Vertretern der südlichen Länder beklagt und als Anlass genommen wird, Maßnahmen zur Rettung der Banken Südeuropas von den Staaten des Nordens zu fordern.

Die Notenbanken der südlichen Länder und Irlands durften also in riesigem Umfang neues Geld drucken und über die privaten Banken an die Bevölkerung verleihen. Mit diesem Geld kaufte man sich dann weiterhin die Waren der Kernländer, die sonst mit Geld aus privaten Krediten von dort finanziert worden wären, und man tilgte zudem auch seine privaten Kreditschulden, wie es die ausländischen Banken verlangten. Es kam zu einem gewaltigen Strom von Geld bzw. von Nettoüberweisungen vom Süden in den Norden, aber auch in Drittländer, deren Investoren auf diese Weise gerettet wurden. Das war der zweite Akt im Eurodrama.

Die über die Zeit aufaddierten Nettoüberweisungen sind die sogenannten Target-Salden, um die es in den letzten Jahren so viel Wirbel gab. Seit Helmut Schlesinger, der ehemalige Bundesbankpräsident, mich im Herbst 2010 darauf aufmerksam gemacht hatte, dass es in der Bundesbankbilanz einen mysteriösen und rasch wachsenden Aktivposten unter der Rubrik »Sonstiges« gab, der auf eine Unwucht in unserem Geldsystem schließen ließ, hat mich das Thema der Target-Salden nicht mehr losgelassen. Es hat bei mir zunächst detektivische Neugier, dann erhebliche Kopfschmerzen und später größten Schrecken hervorgerufen. Ich widme dieses Buch Helmut Schlesinger, mit dem ich lange als Kollege im wissenschaftlichen Beirat beim Bundeswirtschaftsministerium zusammengearbeitet habe und der viele Jahre als Präsident des Münchner Volkswirte-Alumni-Clubs gedient hat. Er wird in diesem Jahr 90 Jahre alt.

Die Target-Salden finden sich als Verbindlichkeiten in den Bilanzen der Notenbanken der Länder, aus denen die Überweisungsaufträge kamen, und als Forderungen in den Bilanzen der Notenbanken, die die Transaktionen im Auftrag ihrer ausländischen Partner durchführten. Mit den meisten Überweisungen, die im Euroraum zu Target-Salden führten, wurde die Bundesbank beauftragt. Die Bundesbank hatte in der Spitze, nämlich im Sommer 2012, Target-Forderungen im Umfang von 750 Milliarden Euro. Ihr gegenüber standen Target-Forderungen von 1000 Milliarden Euro bei den sechs Krisenländern. Die Differenz wird im Wesentlichen durch die Target-Forderungen der Niederlande, Finnlands und Luxemburgs erklärt.

Lassen Sie mich, um Missverständnisse zu vermeiden, schon an dieser Stelle darauf hinweisen, dass es nicht wörtlich zu nehmen ist, wenn ich von »Geld drucken« rede. Es ist in unserem Fach so üblich, dass man sich der Metapher des Gelddrucks bedient, wenn man beschreiben möchte, dass eine Notenbank selbst Geld schafft und es dann an die privaten Banken verleiht. Natürlich sind das in der Regel heutzutage elektronische und keine physischen Vorgänge. Auch die Nettoüberweisungen vom Süden in den Norden finden nicht physisch, sondern elektronisch statt. Es fährt kein gepanzerter Geldtransporter von Griechenland über den Balkan nach Deutschland. Wenn das in Griechenland geschaffene Geld nach Deutschland überwiesen wurde, so heißt das nur, dass die Bundesbank dieses Geld im Auftrag der griechischen Notenbank deutschen Banken elektronisch oder auch physisch zur Verfügung stellt. Sie schafft also das Geld, wenn man so will, aber indem sie das tut und für andere Notenbanken Rechnungen bezahlt, gibt sie ihnen einen Kredit. Das ist der Grund, weshalb in ihrer Bilanz eine Target-Forderung eingetragen wird. Die Bundesbank schafft kein Geld, indem sie, wie es üblich ist, Kredit an die privaten deutschen Banken vergibt, sondern als Kredit an die griechische Notenbank, die selbst den Kredit ja bereits an die griechischen Privatbanken vergeben hatte. Die Autos, die Griechen mit einem Kredit ihrer Notenbank bei uns kauften, wurden also in Wahrheit von der Bundesbank bezahlt und kreditiert. Und wenn die griechischen Banken ihre Schulden bei englischen Banken mit selbst gedruckten Euros bezahlten, die anschließend an Amerikaner verliehen wurden, die damit deutsche Autos kauften, dann tilgte Deutschland gewissermaßen die griechischen Schulden in England mit seinen Autos.

―――――――

In der Krise zeigte sich also nicht nur, dass der Euro ein Geschenk an die schon vor seiner Einführung überschuldeten Länder Südeuropas war, sondern auch, dass dieses Geschenk laufend erneuert werden musste ...?

Geschenk ist zu viel gesagt, denn es handelte sich ja um öffentliche Kredite, die das Notenbanksystem den Banken der Krisenländer zur Verfügung stellte. Aber immerhin, das war schon eine erhebliche Hilfe. Auch früher haben sich die heutigen Krisenstaaten bei Bedarf mit der Druckerpresse finanzieren können. Neue Staatspapiere wurden an die Banken verkauft, und die Banken verwendeten sie dann als Pfänder, um sich das für den Kauf benötigte Geld von ihren Notenbanken zu holen. In Italien war es sogar üblich, dass die Banca d'Italia bei einer Emission neuer Staatspapiere bereitstand, um das, was man am Markt nicht loswurde, mit frisch gedruckten Lire zu kaufen. Die Staatsfinanzierung mit der Druckerpresse hielt die Kurse hoch und die Zinsen niedrig, doch führte sie unweigerlich zur Inflation. Die neuen Lire, Drachmen und Peseten, die auf diese Weise in Umlauf kamen, wollte im Ausland keiner haben, und für den Liquiditätsbedarf des Inlands gab es davon einfach zu viele.

Wie schön war es doch nun im Vergleich dazu im Eurosystem. Das Absatzproblem für das viele Geld, das in der Krise gedruckt wurde, ließ sich auf elegante Weise lösen, indem man es dafür verwendete, sich in anderen Ländern Güter zu kaufen oder dort seine privaten Schulden zu tilgen, denn das selbst geschaffene Geld bestand ja aus Euros, die anderswo als gesetzliches Zahlungsmittel akzeptiert wurden. Das war wesentlich besser, als sich nur Geld drucken zu können, das nach einer Bezahlung von Auslandsrechnungen postwendend für ähnliche Geschäfte wieder zurückkam, weil es im Ausland keiner gebrauchen konnte. So manches der Euroländer klammert sich aus genau diesem Grunde an den Euro, obwohl seine private Wirtschaft dort nicht mehr wettbewerbsfähig ist und es dringend eine Währungsabwertung bräuchte.

———————

Die Summen, um die es geht, sind ja mittlerweile astronomisch und nicht mehr vorstellbar …

In der Tat. Die Sonderkredite aus den nationalen Gelddruckmaschinen lagen in der Spitze im Sommer 2012 immerhin bei etwa 1000 Milliarden Euro für die sechs Krisenländer Griechenland, Irland, Portugal, Spanien, Italien und Zypern. Das sind die erwähnten Target-Schulden dieser Länder. Heute liegen diese Kredite noch bei 600 Milliarden Euro. Etwa drei Viertel der Zentralbankgeldmenge des Eurosystems stammt aber immer noch aus den sechs Krisenländern, obwohl dort nur ein Viertel dieser Geldmenge zirkuliert. In etwa die Hälfte der gesamten Zentralbankgeldmenge des Eurosystems wurde zur Kreditvergabe an die Krisenländer verwendet, um ihnen die Möglichkeit zu geben, ihre Auslandsschulden zu tilgen, im Ausland Vermögenswerte zu erwerben und ihre laufenden Leistungsbilanzdefizite zu finanzieren. In Deutschland und Finnland gab es im Jahr 2013 nur noch Zentralbankgeld, das seinen Ursprung in liquiditätsschaffenden Operationen der Zentralbanken anderer Länder hatte und im Zuge der Überweisung anlandete. Die Bundesbank hat ihren gesamten Refinanzierungskredit, also den Kredit aus frisch geschaffenem Geld, den sie den Banken gegeben hatte, zurückgezogen und lieh sich zwischenzeitlich sogar Geld bei den Geschäftsbanken. Beides bedeutet für sich genommen eine Geldvernichtung. Im Süden druckte man das Geld, das man sich nicht mehr leihen konnte, kaufte damit im Norden, was einem gefiel, Güter, Vermögensobjekte oder alte Schuldscheine, und im Norden wurde das Geld sodann geschreddert. Die Bundesbank und die finnische Notenbank erhielten dafür bloße Ausgleichsforderungen, die schon erwähnten Target-Forderungen, die mit 0,25 Prozent verzinst sind, niemals fällig gestellt werden können und sich in Luft auflösen, sollte der Euro zerbrechen.

Aber warum gingen die hohen Target-Salden seit dem Sommer 2012 wieder zurück?

Das liegt vor allem daran, dass fiskalische Rettungskredite an ihre Stelle traten. Wenn der deutsche Staat Griechenland direkt oder auf dem Umweg über internationale Organisationen Geld leiht, dann führt das zu Überweisungen von Deutschland nach Griechenland, die die Target-Salden eins zu eins reduzieren. In Griechenland tritt Überweisungsgeld an die Stelle des Kreditgeldes, das die griechische Notenbank zulasten der Kreditvergabe der Bundesbank ausgegeben hatte. Es wird also nur der eine öffentliche Kredit in den anderen umgepackt. In Portugal und Zypern war es genauso. Dieser Effekt erklärt den gesamten Rückgang der Target-Salden dieser drei Länder und mehr als zwei Drittel des Rückgangs der irischen Salden. Umgekehrt erklärt er auch einen erheblichen Teil des Rückgangs der deutschen Salden.

Der andere Grund für den Rückgang der Salden ist der Versicherungsschutz, den die EZB den privaten Anlegern gibt, wenn sie die

Staatspapiere anderer Länder erwerben. Es wird also Kredit aus der elektronischen Druckerpresse dieser Länder durch privaten Kredit ersetzt, der durch eine öffentliche Versicherung zulasten der Steuerzahler anderer Länder geschützt wird. Auch das ist nur ein Umpacken zwischen öffentlichen Schutzsystemen und keineswegs eine Rückkehr zum Markt.

Das ist ja gerade die Natur dieser Krise. Man stolpert voran und ersetzt immer wieder die eine öffentliche Rettungsmaßnahme durch eine andere, sobald die Öffentlichkeit darauf aufmerksam wird und nervös reagiert – möglichst durch eine Maßnahme, die noch intransparenter ist als die vorige, damit die Öffentlichkeit die Risiken nicht so leicht erkennen kann und man wenigstens eine Zeitlang Ruhe vor ihr hat. Ein Katz-und-Maus-Spiel, nicht mehr. Wir befinden uns inmitten einer riesigen Rettungskaskade, bei der die Steuerzahler und Rentner der noch vergleichsweise gesunden Euroländer immer mehr in die Pflicht genommen werden, ohne dass sie es heute schon merken. Sie merken es erst später, wenn sie ihre Rente haben wollen und das Geld entweder gar nicht mehr da ist oder zum Schließen der Finanzlücken des Staates gebraucht wird.

Parlamente als Erfüllungsgehilfen der Europäischen Zentralbank

Wie sieht diese Rettungskaskade aus?

Erst fließt der private Kredit aus dem Ausland im Übermaß nach Südeuropa und schafft eine Kreditblase. Dann springt die EZB ein und erlaubt den Ländern die privaten Kredite mit Krediten aus ihren jeweiligen nationalen Druckerpressen zu ersetzen. Das sind die

Target-Kredite. Dann ruft die EZB die Politik zu Hilfe und verlangt einen fiskalischen Rettungsschirm der Staatengemeinschaft nach dem anderen – EFSF, ESM, EFSM und wie sie alle heißen, damit sie – die EZB – sich wieder zurückziehen kann und nicht zum Opfer der Bankpleiten wird.

Also, um es salopp zu formulieren: Die EZB haut die privaten Anleger heraus, und die Staatengemeinschaft haut anschließend die EZB heraus. Die nationalen Parlamente, die über den letzten Schritt beschließen sollen, stehen, wie Frau Merkel zu Recht betont, vor fast alternativlosen Entscheidungssituationen. Sie können, nachdem der EZB-Rat entschieden hat, nur noch mit neuen Krediten weitermachen, denn wenn sie sich dem Ansinnen widersetzen, bricht das ganze Kartenhaus zusammen. Damit werden die nationalen Parlamente zu bloßen Erfüllungsgehilfen des EZB-Rates.

Der EZB-Rat ist ein technokratisches Gremium, in dem Deutschland mit einer Stimme für Jens Weidmann und einer Direktoriumsstimme für Sabine Lautenschläger grundsätzlich so viel zu sagen hat wie Malta und Zypern, obwohl es neunzig Mal so viele Bürger hat wie diese beiden Staaten zusammen. Man fragt sich, wie Deutschland solchen Stimmgewichten hat zustimmen können, als der Maastrichter Vertrag beschlossen wurde. Die Antwort ist, dass man davon ausging, dass die EZB nur Geldpolitik machen würde und keine fiskalischen Kreditoperationen zur Rettung von Banken und Staaten durchführen würde, wie das nun geschehen ist. Stabile Preise wollte schließlich jeder, so hieß es damals. Ein Interessenkonflikt sei deshalb ausgeschlossen.

Weit gefehlt. Der EZB-Rat hat sich ohne angemessene Legitimität in der Krise zum wahren Hegemon der Eurozone aufgeschwungen, der alle Vorentscheidungen über die Rettung trifft und die

Parlamente, die anschließend die Ersatzkredite liefern müssen, zu Handlangern degradiert. Ich sehe hier ein Demokratiedefizit größerer Art. Karl-Otto Pöhl, der damalige Bundesbankpräsident, hat in einem Interview in der *Wirtschaftswoche* eingestanden, dass er einen Fehler gemacht hatte, als er nicht darauf bestand, dass Deutschland wenigstens ein Stimmgewicht gemäß seiner Größe und dem Ausmaß seiner Haftung erhält. Und auch Helmut Schlesinger, sein Vorgänger, schlägt die Hände über dem Kopf zusammen.

Sicher, die EZB ist demokratisch zustande gekommen und darf sich innerhalb ihres Mandats frei und unabhängig entscheiden. Das Problem ist nur, dass sie die Grenzen ihres Mandats selbst mit großer Willkür definiert, indem sie den überschuldeten Ländern in krassem Gegensatz zum Maastrichter Vertrag bei der Lösung ihrer fiskalischen Kreditprobleme hilft und somit ihr Mandat überschreitet. Dass sie ihre Politik mit geldpolitisch klingenden Vokabeln verziert, zeugt von hohen semantischen Fähigkeiten, nicht aber von einer hohen Verantwortung gegenüber dem Geist des Maastrichter Vertrages, dessen Kernelement – wie schon ausgeführt – die Nicht-Beistandsklausel ist. Dort heißt es klipp und klar, dass die Staaten nicht füreinander haften, was bedeutet, dass der Staatskonkurs zu Verlusten der Gläubiger dieser Staaten statt zu Verlusten der Steuerzahler führt, die hinter der EZB und den fiskalischen Rettungsmaßnahmen stehen. Wie kann es sein, dass sich ein Land einfach das Geld druckt, das es sich auf den Märkten nicht mehr leihen kann oder will, weil die Zinsen zu hoch sind? Ist nicht die Geldschöpfung wenigstens an die Größe des Landes geknüpft? Leider ist sie das nicht. Es ist absurd, ökonomisch katastrophal und leider Fakt: Jedes Land kann im Rahmen der Regeln des EZB-Systems so viel neues Geld schaffen, wie es will, und damit seine Auslandsrechnungen bezahlen.

Ohne Begrenzung? Immerhin mussten Pfänder gebracht werden.

Ein zentraler Punkt! Die einzige Regel, die die Geldschöpfung begrenzt, liegt in dem Umstand, dass die Geschäftsbanken für die Kredite aus der Druckerpresse Pfänder hinterlegen müssen. Vor der Finanzkrise musste man sehr gute Pfänder hinterlegen, und da diese Pfänder knapp waren, blieb auch das Geld knapp. Das war das Problem Irlands, das schon ab 2006, lange vor den anderen Ländern, in Schwierigkeiten kam und sich nur allzu gern das fehlende Geld aus der Druckerpresse gezogen hätte, es aber nicht durfte. Irland musste sich selbst helfen, indem es seine Löhne und Preise im zweistelligen Prozentbereich senkte, um wieder wettbewerbsfähig zu werden.

Aber in den Südländern lief das anders ...

Ja, in den Südländern brach die Krise erst nach dem Lehman-Debakel aus, also nach dem Herbst 2008. Statt die irische Ochsentour zu wiederholen, kamen sie zu dem Schluss, dass es besser sein würde, die eigenen Probleme mit der Druckerpresse zu lösen. Denn die dafür notwendigen Mehrheiten im Rat der Europäischen Zentralbank konnten sie im Gegensatz zu Irland nun organisieren. Im EZB-Rat gibt es ja eine Mehrheit der mediterranen Länder – also Frankreich, Italien, Spanien, Griechenland, Portugal, Malta, Zypern und Slowenien – von 55 Prozent, zu der sich Irland dann gern noch hinzugesellte. Der südlich dominierte EZB-Rat lockerte also die Bonitätsanforderungen für die Pfänder, die die Geschäftsbanken für Refinanzierungskredite einreichen müssen. Ohne eine solche Lockerung hätten die Notenbanken der Krisenländer mangels hinreichend guter Pfänder nicht die Möglichkeit gehabt, immer mehr Kredite aus der lokalen Druckerpresse zu ziehen. Auch Irland profitierte ab dem Herbst 2008 von der Lockerung und begann, sich Ersatzkredite aus der lokalen Druckerpresse zu holen, aber da war die eigene Austeritätspolitik bereits voll im Gange. Die EZB senkte das Mindest-Rating der Pfänder schon im Herbst 2008 von A- auf BBB-, was kurz vor dem Schrottstatus liegt. Das reichte für eine Weile, doch ging auch der Bestand der Pfänder dieser Kategorie allmählich zur Neige, zumal die Ratingagenturen die Bonität der Staatspapiere der Krisenländer, die einen erheblichen Teil der Pfänder ausmachten, im Laufe der Krise immer weiter senkten. Die Staatspapiere Griechenlands, Irlands, Portugals und Zyperns wurden sogar zu Investitionsschrott erklärt, erhielten also die Note »no investment grade«. Um gegenzuhalten und neues Pfandmaterial zu schaffen, erklärte der EZB-Rat die Staatspapiere dieser Länder unabhängig von der Meinung der Ratingagenturen zu akzeptablen Pfändern.

Es ist klar, dass das Ganze die Steuerzahler der noch gesunden Länder der Eurozone in die Haftung nimmt. Denn wenn die Kredite von den Banken nicht zurückgezahlt werden und die Pfänder sich tatsächlich als Schrott erweisen, wie die Ratingagenturen schon heute vermuten, dann trägt das EZB-System gemeinschaftlich die Verluste. Das bedeutet, dass die Gewinnausschüttungen an die nationalen Finanzministerien in Proportion zu den Ansprüchen auf solche Gewinne zurückgehen. Schlimmer noch kommt es, wenn der Euro zerbrechen sollte. Dann bleibt Deutschland wahrscheinlich auf seinen gesamten Target-Forderungen sitzen. Die Ansprüche auf Zinsen aus den Krisenländern, deren Gegenwartswert durch die Target-Forderungen gemessen wird, entfallen ersatzlos. Nicht viel besser wird die Rechnung, wenn die noch gesunden Länder fiskalische Kredite oder Transfers zugunsten der gefährdeten Banken organisieren, um auf diese Weise die Zinsen zu sichern. Das Umpacken der Kredite hatten wir ja vorhin besprochen.

Und dann gab es die ABS-Papiere ...

Stimmt. Der EZB-Rat gab den Banken die Erlaubnis, Forderungstitel verschiedenster Art zu sogenannten ABS-Papieren zu bündeln. Das sind jene wegen ihres undurchsichtigen Inhalts verdächtigen »Würste«, die auch im Zentrum der amerikanischen Finanzkrise standen und von denen man eigentlich gar nicht wissen möchte, was alles darin verarbeitet wurde. Einige Forscher haben dann aber doch nachgeschaut und Erstaunliches zutage gebracht. So fand man in Portugal ein Papier, dessen Laufzeit bis zum 31. Dezember des Jahres 9999 reichte, und in Spanien waren die Kredite verwurstet worden, mit denen die Fußballvereine ihre sündhaft teuren Stars gekauft hatten. Einer von ihnen war Cristiano Ronaldo, den Real Madrid für 94 Millionen Euro erwarb. Heute sind viele Vereine pleite, und die spanischen Banken stehen kurz davor. Wenn sie die von der spanischen Notenbank bezogenen Kredite nicht zurückzahlen können, dann muss diese Notenbank entsprechende Abschreibungsverluste verbuchen. Aber weil man sich die Lasten im Eurosystem teilt, ist Deutschland mit 27 Prozent dabei. Ob die Fans von Bayern München, Borussia Dortmund, Bayer Leverkusen oder Schalke 04 wissen, dass sie für die Kredite zum Erwerb der Stars ihrer Champions-League-Konkurrenten haften müssen?

―――――

Das war aber noch nicht alles ...

Nein. Eine besondere Rolle bei der Vergabe von Sonderkrediten der nationalen Notenbanken spielten die sogenannten ELA-Kredite. ELA steht für Emergency Liquidity Assistance; es handelt sich also um Notkredite. Solche Notkredite durften die nationalen Notenbanken im Alleingang vergeben, weil die Fiktion galt, dass sie die Risiken im Falle von Bankpleiten selbst würden tragen müssen. Das ist insofern eine Fiktion, als die Notenbanken einiger Länder bereits heillos überschuldet sind. Sie können ihren Zinsverpflichtungen gegenüber den anderen Notenbanken gar nicht mehr nachkommen, wenn die Banken, denen sie das Geld geliehen hatten, pleitegehen. Leider schließen ja die EU-Verträge explizit aus – konkret Artikel 33,2 der Statuten des europäischen Zentralbankensystems – dass die jeweiligen Nationalstaaten für die Verluste ihrer Notenbanken haften, obwohl sie die alleinigen Eigentümer sind.

Über die ELA-Regeln kann eine Notenbank Kredite mit frisch geschaffenem Geld auch dann an die privaten Banken vergeben, wenn diese Banken nicht in der Lage sind, dafür die vom EZB-System vorgeschriebenen Pfandqualitäten einzuhalten, vorausgesetzt, diese Notenbank bürgt selbst im Verhältnis zu den anderen Notenbanken. Die im Rahmen des ELA-Programms von einzelnen Notenbanken vergebbaren Kredite sind praktisch nicht begrenzt. Eine Beschränkung des Volumens der ELA-Kredite könnte zwar vom EZB-Rat mit einer qualifizierten Mehrheit von zwei Dritteln verfügt werden, aber diese Einschränkung ist schon deshalb von geringer praktischer Relevanz, weil die Vertreter der sechs Krisenländer in den Krisenjahren 2008 bis 2013 selbst bereits über mehr als ein Drittel der Stimmen im EZB-Rat verfügten. Die Krisenländer konnten sich also, wenn sie sich einig waren, so viel Geld drucken, wie sie wollten. Insbesondere Griechenland und Irland haben in riesigem Umfang von den ELA-Krediten Gebrauch gemacht. In der Spitze lagen die ELA-Kredite bei 250 Milliarden Euro. Sie sind Teil der schon erwähnten 1000 Milliarden Sonderkredite aus der Druckerpresse, die den Krisenländern bis zum August 2012 gegeben wurden und durch die Target-Salden gemessen werden.

Das erinnert mich an eine Aussage, die ich vor gut 20 Jahren bei der Euro-Einführung von einem geschätzten Kollegen gehört hatte. Er meinte damals, der Euro werde zu mehr Schuldendisziplin bei den Ländern Europas führen, weil man sich in einer Währung verschulden müsse, die man nicht mehr selbst drucken kann, was das alte Spiel der Staaten, ihre Schuldenprobleme mit der Druckerpresse zu lösen, verhindern werde. Im Nachhinein erweist sich diese Aussage als eine Fehleinschätzung, denn obwohl man den Euro erhielt, verlor man nicht das Recht, sich das zur Bedienung seiner Staatsschulden nötige Geld zu drucken. Man musste dieses Geld nur zunächst über die privaten Banken leiten, damit die sich mit ihm die Staatspapiere kauften. Es ist sogar alles noch leichter geworden als damals, weil man sich nach eigenem Gusto Geld drucken konnte, das auch in anderen Ländern als Zahlungsmittel akzeptiert wird. Darauf hatte ich im Zusammenhang mit der Praxis der Banca d'Italia schon hingewiesen. Euros gelten in Deutschland als gesetzliches Zahlungsmittel. Für Drachmen, Pesetas und Lire konnte man hier damals nichts einkaufen. Diese Währungen blieben in ihrem Herkunftsland und führten dort zur Inflation und Abwertung, was die ausländischen Geldgeber veranlasste, zum Ausgleich höhere Zinsen zu verlangen. Die Euros hingegen, die sich die Südländer zusätzlich gedruckt haben, um sich in anderen Ländern Waren zu kaufen oder ihre Schulden zu tilgen, riefen demgegenüber keine Inflation hervor, weil nationale Notenbanken wie die Bundesbank ihre eigene Kreditgeldschöpfung in dem Maße zurücknahmen, wie das Geld aus dem Süden hereinströmte. Also kam auch kein Abwertungsdruck zustande, und die Zinsen konnten niedrig bleiben. Das war aus der Sicht bereits verschuldeten Länder eindeutig das attraktivere System, weil es die Möglichkeit bot, sich ungestraft immer weiter zu verschulden. Erst als das Kartenhaus der exzessiven staatlichen und privaten Verschuldung zusammenbrach, kamen reumütige Gedanken auf, und es keimte der Verdacht auf, dass man vielleicht doch einiges falsch gemacht hatte.

Hinter den Kulissen: Wie Deutschland ausgespielt wurde

Ab 2007 spitzte sich die Finanzkrise zu, und ab 2010 eskalierte dann die Situation in Griechenland …

Richtig, und die Eurokrise begann. Zumindest begann sie in der öffentlichen Wahrnehmung – auch wenn, wie erläutert, die Ursprünge weiter zurückreichen. Aber als im Frühjahr die Diskussion um die Rettung Griechenlands losging, habe ich mir sofort große Sorgen gemacht. Zusammen mit anderen Kollegen habe ich damals die Politik vor einem Bailout, also einer Übernahme der Schulden Griechenlands durch die Staatengemeinschaft, gewarnt. Wir vertraten die Ansicht, dass es besser wäre, wenn die Gläubiger Griechenlands auf einen Teil ihrer Forderungen verzichteten.

So kam es aber nicht. Griechenland erhielt nach heutiger Kenntnis (Januar 2014) bislang für 213 Milliarden Euro fiskalische Rettungskredite der Staatengemeinschaft – zusätzlich zu all den Hilfen, die schon über das EZB-System gekommen waren. In der Summe betrugen die öffentlichen Kredite der Staatengemeinschaft und der EZB an Griechenland etwa 290 Milliarden Euro. Das sind etwa 160 Prozent des Bruttoinlandsprodukts oder gut 30 Marshall-Pläne, wenn man einmal zugrunde legt, was Deutschland nach dem Krieg erhielt, nämlich in der Summe der Jahre 5 Prozent des Bruttoinlandsproduktes des Jahres 1952.

Die Hilfsgelder wurden einerseits verwendet, um das griechische Leistungsbilanzdefizit, also den Lebensstandard der Bevölkerung, zu finanzieren. Andererseits dienten sie aber auch dazu, die griechischen Gläubiger aus aller Welt auszuzahlen, die sich aus dem Staube machen wollten. Das erklärt, warum die City of London, Wall

Street, die französischen Banken und nicht zuletzt manche deutsche Banken und Versicherungen jubelten.

Warum waren Sie gegen die Hilfen?

Ich war nicht gegen Hilfen an sich, sondern gegen einen Automatismus, der einen Anspruch auf Hilfe begründet. Einseitige Hilfen in Form von Geschenken wären dem Frieden in Europa sicherlich zuträglicher gewesen als automatisierte Umverteilungsmechanismen, die den Protest der Geretteten hervorrufen, wenn die Retter die Rettungsmaschinerie bremsen wollen, weil sie Angst vor den Kosten kriegen. Wenn man statt der gigantischen bislang geflossenen öffentlichen Kredite, die großenteils ohnehin nie zurückgezahlt werden, eine bescheidenere Summe aus freier Entscheidung verschenkt hätte, hätten sich die Herzen der Geretteten mit Freude und Dankbarkeit erfüllt. So aber sind wir die knauserigen Geizhälse aus Deutschland, obwohl die gesamte Rettungsarchitektur im Wesentlichen auf deutschen Schultern liegt.

Aber noch aus anderen Gründen war ich gegen die beschlossene Rettungsarchitektur. Da war erstens die No-Bailout-Regelung des Maastrichter Vertrages. Der schon erwähnte Artikel 125 des EU-Vertrags sagt eindeutig, dass ein Mitgliedsstaat nicht für Verbindlichkeiten eines anderen haftet und dafür auch nicht eintritt. Wie der ehemalige Verfassungsrichter Udo di Fabio unlängst bei einer Vortragsveranstaltung in München ausführte, heißt das nicht nur, dass die anderen Staaten die Haftung für die Schulden eines vom Konkurs bedrohten Landes nicht übernehmen *müssen*, sondern dass sie es schlichtweg nicht *dürfen*.

Zweitens bedeutete die Haftungsübernahme einen Präzedenzfall, von dem absehbar war, dass er bei anderen Ländern wiederholt werden würde. Und das wiederum würde die Bundesrepublik sehr viel Geld kosten. Die Summe aller Rettungskredite, die die Staatengemeinschaft bis heute zur Verfügung gestellt hat, liegt einschließlich der Hilfen der EZB bei über 1000 Milliarden Euro. Wenn die Krisenländer ausfallen, ist Deutschland mit etwa 380 Milliarden Euro dabei bzw., wenn gleichzeitig der Euro zerbricht, mit über 480 Milliarden Euro. Wir reden hier von einem Risiko im Umfang von etwa 5300 bis 5900 Euro pro Deutschem, einschließlich Kind und Kegel.

Drittens diente die Rettung ja weniger der Bevölkerung der betroffenen Länder als den ausländischen und inländischen Gläubigern der Staaten, deren Ansprüche mit den Rettungsgeldern bedient wurden. Die Haftung der Gläubiger ist das Grundprinzip der Marktwirtschaft. Wer sich entscheidet, sein Geld zu verleihen, muss den Schaden selbst tragen, wenn der Schuldner nicht zurückzahlen kann. Es ist ungerecht, wenn nun die Steuerzahler und Rentner anderer Staaten die Kredite der privaten Gläubiger übernehmen, damit die sich aus dem Staube machen können.

Viertens lassen die Kreditgeber bei ihren Anlageentscheidungen nur dann die notwendige Vorsicht walten, wenn sie damit rechnen müssen, in Haftung genommen zu werden. Übernimmt dagegen die Gemeinschaft die Haftung, dann werden die Anleger sorglos. Sie investieren bedenkenlos in dubiose Projekte, und das mühsam über Generationen angesammelte Sparkapital wird gefährdet, wenn nicht gar vernichtet.

Fünftens bedeutet diese Sorglosigkeit, dass man die deutschen Sparer und ihre Banken, die in den vergangenen Jahren ohnehin zu viel Geld im Ausland statt im Inland investiert, dann jedoch ihren Fehler erkannt hatten, dazu animiert, doch wieder verstärkt ins Ausland zu gehen. Das lähmt das Wachstum in Deutschland und ist vor allem für die deutschen Arbeitnehmer und die breite Bevölkerung nachteilig, weil nicht genug Geld in hiesige Arbeitsplätze, Infrastruktur und Immobilien investiert wird. Schließlich hängt die Arbeitsproduktivität, die den Lohn begründet, maßgeblich davon ab, dass die menschliche Arbeitskraft durch den Einsatz von Maschinen und Geräten eine gewaltige Hebelwirkung entfaltet.

Als die Politik den Maastrichter Vertrag beim Finanzministertreffen vom 9./10. Mai 2010 auf Drängen der EZB, des IWF und nicht zuletzt Präsident Obamas beiseiteschob und sich entschloss, die Gläubiger Griechenlands mit staatlichen Krediten zu retten, schrillten bei mir die Alarmglocken. Eine Reihe von Kollegen, so auch ich, hatte die Politik in den Monaten zuvor gewarnt, diesen Schritt zu tun, und eine Zeit lang schien es, als stünde die Bundeskanzlerin auf unserer Seite. Aber nun war der Damm gebrochen. Ich hielt dieses Vorgehen aus den genannten Gründen für extrem gefährlich und verfasste daher innerhalb von anderthalb Wochen eine faktengestützte wissenschaftliche Analyse des Sachverhalts. In Form eines Sonderhefts des ifo Schnelldienstes schickte ich die Analyse dann an alle Bundestagsabgeordneten, damit sie die ökonomischen Konsequenzen ihres Tuns würden einschätzen können, bevor sie dem entsprechenden deutschen Begleitgesetz zustimmten.

Welche Antworten gab es?

Praktisch keine, jedenfalls nicht mehr vor der Entscheidung. Es musste ja alles sehr schnell gehen, und die Abgeordneten folgten dem, was die Fraktionsspitzen ihnen sagten.

Im Artikel 38 des Grundgesetzes heißt es, die Abgeordneten seien »Vertreter des ganzen Volkes, an Aufträge und Weisungen nicht gebunden und nur ihrem Gewissen unterworfen« ...

Davon merken die Wähler nicht viel. Parteien wollen gewinnen. Und die Belohnung für parteikonformes Verhalten besteht in der Regel darin, dass man für die nächste Legislaturperiode wieder aufgestellt wird, wenn nicht gar einen lukrativen Posten irgendwo in der Regierung erhält. Wer ausschert, wird durch Degradierung bestraft, wie z. B. der euro-kritische Bundestagsabgeordnete Klaus-Peter Willsch, der stellvertretende Sprecher der CDU/CSU im Haushaltsausschuss. Unter anderem deswegen halten die Abgeordneten einer Partei meist eng zusammen und scharen sich um ihre Fraktionsspitzen, auch wenn objektiv fundierte Fakten und Argumente Zweifel an den dort propagierten Entscheidungen aufkommen lassen. Der Artikel 38 des Grundgesetzes gilt also in der Praxis nicht viel.

Im Nachhinein bin ich zwar von verschiedenen Parlamentariern der CDU und der FDP angesprochen worden, die offenbar ein schlechtes Gewissen hatten, aber die waren in der Minderheit. Ich habe später auch das Gespräch mit Frank-Walter Steinmeier und Volker Kauder gesucht und auf Kauders Einladung hin vor einer Gruppe von Bundestagsabgeordneten gesprochen. Viele waren besorgt, sie sahen aber keine Alternativen.

Und Wolfgang Schäuble?

Finanzminister Schäuble, den ich als Person und Staatsmann schätze, war über mich ungehalten, weil ich in einer Berliner Pressekonferenz zur Vorstellung meines Berichts am Tag vor der Abstimmung gesagt hatte, Deutschland habe sich über den Tisch ziehen lassen, und darauf hinwies, dass er selbst bei den Verhandlungen aus Krankheitsgründen nicht mitmachen konnte. Er war am Sonntag, den 9. Mai 2010, mit der deutschen Delegation nach Brüssel gefahren, musste aber ins Krankenhaus, wo er während der Verhandlungen blieb. An seiner Stelle hat dann zunächst Finanzstaatssekretär Jörg Asmussen verhandelt, bis am Abend der damalige Innenminister Thomas de Maizière hinzukam, der sich noch in aller Eile in die Materie einlas. Wir alle wissen, was dabei herauskam. Die Franzosen waren wild entschlossen, einen Fonds zur gemeinsamen Anschlussfinanzierung von Staaten durchzusetzen, um den privaten Anlegern den verlustfreien Rückzug zu erlauben, und hatten die Unterlagen schon lange vorbereitet. Dieser Fonds mit der Abkürzung EFSF *(European Financial Stability Facility)* wurde beschlossen, wenn er auch dank der Intervention von de Maizière im letzten Moment noch auf drei Jahre beschränkt wurde. Er war der Vorläufer des dauerhaften Rettungsfonds ESM *(European Stability Mechanism)*, der 2012 ratifiziert wurde und in Kraft trat.

Für Samstag, den 8. Mai, hatten der französische Staatspräsident Nicolas Sarkozy und der italienische Ministerpräsident Silvio Berlusconi gar ihre Teilnahme an der russischen Jahresfeier der deutschen Kapitulation abgesagt, um die Beschlüsse beim Treffen der Finanzminister am folgenden Tag vorzubereiten. Sie nutzten die Zeit lieber, um Verbündete zu sammeln. Nur Angela Merkel fühlte sich an die Zusage gegenüber Präsident Wladimir Putin gebunden und fuhr nach Moskau. Ich verstehe, dass sie da nicht fehlen durfte, aber das half, den Coup zum Erfolg zu bringen. Deutschland wurde überrumpelt und so massiv unter Druck gesetzt, dass die Bundesregierung schließlich zustimmte. Zur allgemeinen Überraschung erklärte Angela Merkel im Gegensatz zu all ihren heiligen Schwüren, dass sie die Beschlüsse begrüße. Sie begrüßte damit den Abriss eines der Grundpfeiler des Maastrichter Vertrages!

Es hätte also anders kommen können?

Je mehr ich über den Sachverhalt nachdenke, desto mehr denke ich, dass die Entscheidungen vom Mai 2010, mit denen Europa einen gefährlichen Brandweg von den Bankbilanzen in die Staatsbudgets schuf, nicht in einem geordneten Entscheidungsprozess zustande kamen. Sicher, der Druck war riesengroß, zumal auch der amerikanische Präsident Barack Obama sich eingeschaltet hatte und die Bundeskanzlerin bedrängte. Es waren ja auch die Interessen amerikanischer Investoren in Südeuropa im Spiel. Dennoch hätte ein geordneteres Verfahren, bei dem sich Deutschland das Heft des Handelns nicht aus der Hand hätte nehmen lassen, womöglich ein anderes Ergebnis gebracht. Der Maastrichter Vertrag wurde über Jahre vorbereitet und verhandelt. Ich finde es unglaublich, dass man ihn an einem einzigen Wochenende über den Haufen geworfen hat mit der Begründung, dass die Märkte verrücktspielen würden, wenn bis zur Eröffnung der Börse in Tokio am Montagmorgen kein Verhandlungsergebnis vorliege. Die Unruhe auf den Kapitalmärkten wurde instrumentalisiert, um die deutschen Widerstände zu überwinden und den Maastrichter Vertrag zu kippen. Die französische Finanzministerin und jetzige Chefin des Internationalen Währungsfonds Christine Lagarde erklärte dazu frank und frei, man sei sich bewusst gewesen, dass man den Vertrag brechen würde, aber das sei im Interesse Europas nötig gewesen.

Sie zeigen sich von diesen Entscheidungen auch heute noch berührt – auf jeden Fall aufgebracht – und erzählen das alles, als sei es erst gestern gewesen ...

So ist es. Mir ist das alles noch sehr gut in Erinnerung, weil wir kurz vorher, am 29. und 30. April 2010, den *Munich Economic Summit* in München hatten, bei dem der damalige Bundespräsident Horst Köhler und der damalige EZB-Präsident Jean-Claude Trichet zu Gast waren. Ich sehe jetzt noch Trichet vor mir, als ich in meinem Einführungsvortrag anhand einer Grafik klarmachte, dass sich zwei Tage zuvor Griechenlands Staatspleite angekündigt hatte, indem die Zinsen für zweijährige griechische Staatspapiere tagsüber auf 38 Prozent geklettert waren. Ich zeigte in dem Vortrag auch eine Grafik, die klarmachte, dass die französischen Banken relativ zum BIP fast genau doppelt so viel in die Staatspapiere der Krisenländer investiert hatten wie die deutschen. Ich will nicht sagen, dass er das nicht wusste und erst von mir erfahren hat. Aber in den Tagen danach war es Trichet, der die Regierungen Europas von der Notwendigkeit groß angelegter Rettungsaktionen überzeugte. Die Entscheidungen vom 9. Mai 2010 hatte er gründlich vorbereitet. Ich schätze Trichet und habe keinen Zweifel, dass er das Eurosystem retten wollte. Ob er es geschafft hat, steht auf einem anderen Blatt.

Es waren also vor allem die Franzosen, die den Prozess der Vergemeinschaftung der Schulden vorantrieben ...

Die französischen Banken hatten sich viel Geld im Ausland geliehen. Viel Geld war von Deutschland direkt oder auch über die Benelux-Länder an die französischen Banken geflossen, die es dann in Staatspapieren südlicher Länder anlegten und es den südlichen Banken liehen, weil sie zu diesen Ländern besonders enge Geschäftsbeziehungen unterhielten. Wichtige Banken Griechenlands waren sogar in französischer Hand. Die Société Générale und der Crédit Agricole waren hier besonders engagiert. Im Gegensatz zu den deutschen waren die französischen Banken fast ungeschoren durch die erste, amerikanische Welle der Finanzkrise gekommen. Doch nun, in der zweiten Welle, die Europa erfasst hatte, standen sie im Zentrum. Die sich im Frühjahr 2010 zuspitzende Eurokrise war vor allem auch eine Krise der französischen Banken. Es ist deshalb verständlich, dass der französische Staatspräsident Sarkozy sich sehr schnell von der Notwendigkeit der Rettungsaktionen überzeugen ließ.

Die EZB tat das Ihrige, um die Staatspapiere der Südländer durch Aufkäufe zu stützen. Genauer: Sie wies die nationalen Notenbanken an, die Staatspapiere der Krisenländer zu kaufen. Sie selbst hat nur vergleichsweise wenig gekauft. Insgesamt wurden etwa 220 Milliarden Euro dafür ausgegeben. Für ihre Aktionen hatte sich die EZB offenbar Rückendeckung bei den Regierungschefs der Eurozone, auch Deutschlands, geholt, denn sie agierte damit hart am Rande oder schon jenseits des juristisch Erlaubten. Immerhin verbietet Artikel 123 des EU-Vertrages die Monetisierung der Staatsfinanzen. Darum handelt es sich aber, wenn die Notenbanken die Staatspapiere der Krisenländer kaufen.

***

Da gibt es andere Ansichten ...

Genau genommen verbietet der Vertrag nur die, wie es heißt, »direkte« Finanzierung der Staaten durch die Notenbanken. Findige Winkeladvokaten schließen daraus, dass die EZB Staaten finanzieren kann, wenn diese Staaten ihre Schuldscheine auf dem Umweg über eine private Bank an die Notenbank verkaufen. Und so geschah es dann auch. Die Staaten verkauften an die Banken, die hielten die Papiere vielfach nur etwa drei bis zehn Tage, wie die Bundesbank dem deutschen Verfassungsgericht mitteilte, und dann wurden sie mit dem Geld aus der Druckerpresse von den Notenbanken erworben. Namhafte deutsche Verfassungsjuristen sehen hierin jedoch einen unzulässigen Umgehungstatbestand. Tatsächlich ist es Jacke wie Hose, ob jetzt die EZB die Papiere direkt von einem Staat kauft oder aber für ein paar Tage eine befreundete Bank zwischenschaltet. Das ist beides eine direkte Staatsfinanzierung.

Mit der indirekten Staatsfinanzierung, die implizit durch den Vertragstext erlaubt wird, hatten die Urheber des Vertrages möglicherweise nicht den Kauf auf Sekundärmärkten, sondern die Refinanzierungsgeschäfte der Banken gemeint. Banken kaufen Staatspapiere mit dem Geld, das sie sich von ihren Notenbanken leihen, und überreichen den Notenbanken dann ebendiese Staatspapiere als Sicherheiten. Wenn die Staaten pleite sind, tragen die Banken also das Risiko und nicht die EZB – die EZB nur, wenn die Banken pleitegehen. Der indirekte Erwerb der Staatspapiere soll wenigstens einigermaßen sicherstellen, dass eine gewisse Sorgfalt an den Tag gelegt wird, bevor man sich mit Papieren vollpumpt. Es ist nachvollziehbar, dass der Maastrichter Vertrag das nicht verbieten wollte.

Frau Merkel und die Bundesregierung benutzten für diese Beschlüsse gern das Schlagwort der Alternativlosigkeit ...

Ja, es wurde behauptet, die Gründung des Rettungsfonds EFSF und die Staatspapierkäufe der EZB seien alternativlos gewesen. Das ist nicht ganz von der Hand zu weisen, denn dadurch, dass der EZB-Rat in den Jahren zuvor bereits mit riesigen Krediten aus der Druckerpresse in Vorlage getreten war, stand die EZB selbst bereits im Risiko. Hätte man Griechenland pleitegehen lassen, dann hätte die EZB erhebliche Abschreibungsverluste in Griechenland gehabt, an denen die Bundesbank zu 27 Prozent beteiligt gewesen wäre. Außerdem hätte die Gefahr von Ansteckungseffekten bestanden. Das ist das, was ich zuvor schon angesprochen habe. Erst verleiht der EZB-Rat unser Geld, ohne die Parlamente zu fragen. Und dann müssen die Parlamente in den sauren Apfel beißen und neues Geld zur Verfügung stellen, damit die EZB nicht in Schwierigkeiten kommt. Deshalb hatte ich davon gesprochen, die Parlamente seien zu Erfüllungsgehilfen der EZB degradiert.

Bedenkt man aber, welch immensen Schaden dies für die Demokratie bedeutet und wie groß die Risiken der politischen Ansteckung sind – dass nämlich der Freikauf eines Landes die anderen ermuntert, sich weiterhin zu verschulden, was neue Gefahren für das Finanzsystem und auf jeden Fall Gefahren für das friedliche Zusammenleben der Völker bedeutet –, dann meine ich schon, dass man sich unter Abwägung aller Gefahren bei der Pleite Griechenlands im Jahr 2010 anders hätte entscheiden sollen. Das war damals meine Ansicht, und das ist sie heute immer noch.

Damals standen Sie damit nicht allein ...

Nein, dieser Meinung war auch die Bundesbank. Sie hielt von den Rettungsaktionen der Staatengemeinschaft gar nichts und war strikt gegen die Staatspapierkäufe der EZB. Bei einer Pressekonferenz im Anschluss an das Gipfeltreffen in Brüssel erklärte der damalige Bundesbankpräsident Axel Weber, dass er im EZB-Rat überstimmt worden war. Er und sein Nachfolger Jens Weidmann wurden dann noch sehr häufig im EZB-Rat überstimmt, bis zum heutigen Tage immer wieder bei den wichtigen Entscheidungen. Jene Institution, deren Fundament und Auftrag angeblich nach dem Muster der Bundesbank gestaltet worden war, drängte die Bundesbank nun in eine Minderheitsposition, um so eigenmächtig ihr Fundament und ihren Auftrag zu verändern.

Auch die Zentralbank der Niederlande und der Chefvolkswirt der EZB, Jürgen Stark, der im EZB-Rat über eine Stimme verfügte, stimmten gegen den Beschluss. In den ersten Jahren des Euro schien es zwar so, dass man die Bundesbank nicht übergehen würde und die nach dem Vorbild der EZB gestalteten Fundamente und Aufträge der EZB nicht angreifen wollte. Aber das war eine Illusion, wie sich seit den Beschlüssen vom Mai 2010 zeigt.

Stark erklärte im Februar 2013 bei einer Veranstaltung der Hanns-Seidel-Stiftung in München öffentlich, dass er und der Präsident der Bundesbank, Axel Weber, entschlossen waren, ihren Protest durch einen gemeinsamen Rücktritt öffentlich zu machen. Dazu kam es damals zwar nicht – warum, das sagte er nicht –, dennoch kündigten beide Männer nur wenige Monate nach den Beschlüssen im Mai 2010 ihren Rücktritt an, d. h. Weber im Februar 2011 und Stark im September 2011. Offizielle Begründung: Sie könnten die Staatspapierkäufe der EZB nicht mittragen.

Die Bundesbank wollte damals Griechenland also pleitegehen lassen ...

In der Tat. Sie wollte, dass die Gläubiger Griechenlands statt der unbeteiligten Steuerzahler anderer Länder die Lasten tragen. Sie hatte sich vermutlich damit abgefunden, dass Griechenland dann aus dem Euro austreten würde. Das wäre für die griechische Bevölkerung besser gewesen, weil die Abwertung ihrer Währung sehr schnell wieder neue Stellen geschaffen und die Wirtschaft in Schwung gebracht hätte. Und es wäre für Griechenland auch insofern gut gewesen, als sich das Land gleich von Anfang an eines Gutteils seiner Schulden hätte entledigen können. Es gab also durchaus Alternativen.

Der Verbleib im Euro hat Griechenlands Reichen geholfen, ihr Vermögen zu sichern. Man munkelt von 100 bis 200 Milliarden Euro, die sie außer Landes bringen konnten. Außerdem haben natürlich die Banken und Finanzanleger aus aller Welt, die ihr Geld in Griechenland angelegt hatten, profitiert. Aber die einfachen Leute hatten von alldem wenig. Die Arbeitslosigkeit in Griechenland hat sich vom Zeitpunkt der Entscheidungen bis heute verdoppelt und liegt knapp unter 30 Prozent. Über 60 Prozent der jungen Leute, die nicht in der Schule sind, haben keine Stelle. In Spanien ist die Lage ähnlich. Man opfert eine ganze Generation junger Menschen für den Vermögenserhalt der reichen Finanzanleger.

Damit sage ich im Übrigen nicht, und ich betone es nochmals, dass man Griechenland Hilfe hätte verweigern sollen. Erstens wäre der Austritt selbst bereits eine große Hilfe gewesen, und zweitens hätte man die Banken des Landes beim Austritt mit neuen Geldmitteln stützen müssen. Sensible Importe, die sich die Griechen nicht mehr hätten leisten können, hätten von der Staatengemeinschaft unterstützt werden können. Und Deutschland hätte aus eigenem Antrieb einen großen Marshallplan für Griechenland gründen können, statt sich in eine Rettungsautomatik einbinden zu lassen, die es andauern zwingen würde, sich ausländischen Ansprüchen zu widersetzen.

Die Rücktritte von Jürgen Stark und Axel Weber sind in der Öffentlichkeit erstaunlich wenig problematisiert worden …

Weil die Bundesregierung darum kein großes Aufheben machen wollte. Aber für Insider waren es Signale von höchster Alarmstufe. Es war klar, dass etwas faul war und dass auch die Bundesbank an die Wand gespielt worden war. Die Bundesbank ist bis heute nicht aus ihrer Minderheitsposition in der EZB herausgekommen und konnte sich daher auch nicht gegen die Aushöhlung des eigentlich nach Bundesbank-Vorbild formulierten Grundauftrags der EZB wehren.

Deutschland ist bei den Entscheidungen vom Mai 2010 möglicherweise sogar haarscharf an einer Staatskrise vorbeigeschrammt, denn auch Horst Köhler trat zurück. Man hatte ihm, als er in der Nacht vom 21. auf den 22. Mai aus Afghanistan zurückkam, das deutsche Begleitgesetz zu den Beschlüssen des Ministerrats zur Unterschrift vorgelegt und ihn quasi zur Unterschrift genötigt, ohne dass er in die Beschlüsse eingebunden war. Das war ein Affront, denn es war ja Köhler gewesen, der seinerzeit als Staatssekretär im Bundesfinanzministerium den Maastrichter Vertrag ausgehandelt und darauf bestanden hatte, dass das Verbot der Monetisierung der Staatsschulden und das Verbot der Rettung eines vom Konkurs bedrohten Staates in den Vertrag aufgenommen wurden. Das waren die beiden zentralen Bedingungen dafür, dass Deutschland seinerzeit dem französischen Drängen nach Aufgabe der D-Mark nachgab. Außerdem war Köhler Chef des Internationalen Währungsfonds gewesen und kannte sich in der Problematik aus wie kein anderer. Dass nun ausgerechnet er ein Gesetz zur faktischen Zerstörung eines Grundpfeilers des Maastrichter Vertrags unterschreiben sollte und beim Gesetzgebungsverfahren nicht einmal gehört wurde, war für ihn unerträglich. Er unterschrieb zwar am Samstag, dem 22. Mai 2010, doch neun Tage später erklärte er seinen Rücktritt. Dass er als Begründung nebulöse Formulierungen anbot, die einen Zusammenhang mit seiner Verteidigung der Auslandseinsätze der Bundeswehr herstellten, kann man nur als Versuch werten, die Regierung nicht zu beschädigen und die Staatskrise zu vermeiden.

Übrigens war auch Jürgen Stark seinerzeit an den Verhandlungen zum Maastrichter Vertrag beteiligt. Er leitete damals das Referat

»Außenwirtschaft, Geld und Währung, Finanzmärkte; multinationale Organisationen« im Bundeskanzleramt. Mit Köhler und Stark traten die beiden wichtigsten deutschen Unterhändler des Maastrichter Vertrages zurück.

Worauf führen Sie es zurück, dass die deutsche Politik der Bundesbank nicht gefolgt ist?

Auf den Druck der Finanzlobbys und der anderen Staaten Europas. Die Franzosen wollten ihre Banken retten, die einflussreichen Finanzakteure der *City of London* sahen sich in großer Gefahr. Die nicht minder einflussreichen Finanzakteure der New Yorker *Wall Street* bedrängten Obama, und Obama bedrängte Merkel. Die deutschen Großbanken und Versicherer intervenierten. Sie alle zogen es vor, von den Steuerzahlern gerettet zu werden, anstatt ihren nicht mehr zahlungsfähigen Schuldnern einen Teil der Schulden zu erlassen. Und die EZB, die selbst schon mit riesigen Krediten in Vorlage getreten war, wollte natürlich auch keine Abschreibungsverluste bei sich verbuchen. Unter Hinweis auf die Ansteckungseffekte auf andere Länder, die man vermeiden wolle, entschlossen sich Europas Politiker zum Bruch des Maastrichter Vertrages. Doch übersahen sie dabei die langfristigen Gefahren in Form einer weiterhin nachlassenden Schuldendisziplin bei den europäischen Ländern sowie die unmittelbare Ansteckung der Staatsbudgets durch die Zusatzbelastungen, die man ihnen aufbürdete.

Mich hat die Haltung der EZB bei all diesen Entscheidungen enttäuscht, denn von ihr hätte ich eine auf Schuldendisziplin ausgerichtete Politik erwartet – das hätte eigentlich ihrem gesetzlich definierten Auftrag entsprochen.

Sie sind kein Freund der EZB?

Die Freundschaft hat sich abgekühlt. Ich will den Euro erhalten und auch die EZB, halte es aber für falsch, alle Länder im Euro zu halten. Ich kenne Mario Draghi ganz gut von verschiedenen persönlichen Treffen und schätze ihn als Person. Ähnliches gilt, wie gesagt, auch für Trichet. Ich habe mit beiden Präsidenten mehrfach im kleinen Kreis diskutiert. Ich kenne ihre Meinungen, sie meine. Sie haben unterschiedliche Wertesysteme, haben die Welt der Finanzmärkte im Blick und wollen einen Finanzcrash vermeiden, koste es, was es wolle. Ich bin Universitätsprofessor und Finanzwissenschaftler deutscher Schule, der sich mehr um die Stabilität des Staatswesens sorgt. Bei der Abwägung zwischen der Gefahr eines kurzfristigen Finanzcrashs und einer Erosion des Staatswesens zulasten zukünftiger Generationen komme ich zu einer anderen Einschätzung als sie. Das Problem liegt, so denke ich, auch weniger bei einzelnen Personen als beim EZB-Rat, der viel zu viel Macht hat und die haftenden Länder nicht adäquat repräsentiert. Der Präsident kann nur tun, was der Rat will.

Was stört Sie besonders an der EZB-Politik?

Die oben schon erwähnte Politik der Rettung mit der Druckerpresse, die möglich wurde, weil man die Sicherheitsanforderungen für die Staatspapiere, die Banken als Pfänder einreichen konnten, wenn sie von ihrer nationalen Notenbank Kredit haben wollen, auf das Schrottniveau gesenkt hat. Man hat ja nicht nur das gemacht, um den Zugang zur Druckerpresse zu erleichtern, sondern noch vieles mehr. So hat man den Banken erlaubt, einander Kredite zu geben und dann diese gegenseitigen Kreditforderungen als Pfänder für Kredite aus der Druckerpresse zu verwenden, was in Wahrheit dann gar keine Pfänder mehr waren. Oder man hat den nationalen Notenbanken erlaubt, Forderungen aus Unternehmenskrediten nach eigenen Kriterien als Pfänder zu akzeptieren, obwohl sie den allgemein gültigen Kriterien der EZB gar nicht mehr entsprachen, die selbst schon extrem stark verwässert waren. Davon haben nur einige Notenbanken Gebrauch gemacht, die dann aber gleich ziemlich heftig. In diese Kategorie fallen Hunderte von Milliarden von Euro an Refinanzierungskrediten, also Kredite aus der Druckerpresse an die Banken, und eben die schon erwähnten ELA-Kredite, das institutionalisierte Recht auf Selbstbedienung durch die Krisenländer ohne Blockademöglichkeit der anderen.

Aber die EZB lässt nicht locker und will den Markt immer mehr unterbieten, um den Unternehmen Südeuropas billigere Zinsen zu bieten und wieder mehr Kapital von Nord- nach Südeuropa zu lenken. Da verweist man zum Beispiel auf den Umstand, dass gut geführte private Firmen in Krisenländern höhere Zinsen als entsprechende Firmen in Deutschland zahlen müssen, was auf eine Fehlfunktion der Märkte hinweise. Dass die Märkte ganz im Gegenteil sehr rational sind, wenn sie eine italienische Firma anders einschätzen als eine deutsche, weil die italienische Firma vom überschuldeten italienischen Staat mit Steuern belastet werden kann, die in Deutschland heute nicht drohen, lassen die Vertreter der EZB dabei unter den Tisch fallen. Sie tun so, als hätten wir in der Eurozone bereits einen gemeinsamen Staat mit einer gemeinsamen Verantwortung für die Schulden, obwohl der Maastrichter Vertrag genau das ausschließt. Man erklärt eine Situation ohne nationale Zinsspreizung als Ziel der Geldpolitik, obwohl eine solche Situation erst durch die Schaffung eines gemeinsamen europäischen Staates mit einer gemeinsamen Budgetverantwortung aller Steuerzahler legitimiert werden könnte. Die geldpolitische Semantik, mit der die Überschreitung des eigenen Mandats kaschiert wird, beleidigt den gesunden Menschenverstand.

Das gilt auch für das sogenannte OMT-Programm. OMT ist eine Abkürzung für *Outright Monetary Transactions*, was so viel heißt wie »reine geldpolitische Transaktionen«. In Wahrheit hat dieses Programm mit Geldpolitik kaum etwas zu tun, denn es handelt sich um ein bloßes Schutzversprechen zur Sicherung der Gläubiger maroder Staaten mit dem Ziel, sie zu einem Zinsnachlass zu bewegen. Aber ich greife vor, denn das OMT-Programm kennzeichnet den fünften Akt der Krise, und so weit sind wir noch gar nicht.

Dritter Krisenakt: Der Kauf der Staatspapiere gegen das Votum der Bundesbank

Lassen Sie uns also kurz innehalten ...

Ja, die ersten beiden Akte des Eurodramas haben wir betrachtet. Der erste Akt entstand bereits mit der Fehlkonstruktion des Euro im Maastrichter Vertrag und der damit verbundenen beschriebenen Kreditblase in Irland und den heutigen Krisenländern Südeuropas. Die zweite Akt war die eben erläuterte falsche Politik der EZB, die es ermöglichte, für die Rettung der Krisenländer und ihrer Gläubiger die nationalen Gelddruckmaschinen anzuwerfen.

Das konnte nicht funktionieren, und so kam es nun zum dritten Akt des Dramas Eurokrise. Er entfaltete seine Dynamik mit dem *Securities Markets Program* (SMP), einem Vorläufer des eben kurz erwähnten OMT-Programms.

Nachdem es zu einem Kursverfall der Staatspapiere Griechenlands und anderer Länder gekommen war, erodierte die verwertbare

Pfandmasse, die den Banken der Krisenländer zur Verfügung stand, um Refinanzierungskredite von ihren nationalen Notenbanken zu beziehen, was wiederum die Banken Südeuropas und damit auch ihren Hauptgläubiger EZB bedrohte. In Proportion zum fallenden Wert der Pfänder mussten die Refinanzierungskredite, die den Banken gegeben worden waren, zurückgeführt werden. Die Banken kamen so in eine gefährliche Liquiditätsfalle, die wiederum die Staaten bedrohte, welche darauf angewiesen waren, dass ihnen die Banken neue Staatspapiere abkauften. In dieser Situation – Anfang Mai 2010 – sah sich die EZB genötigt, gegen das Votum der Bundesbank und der Zentralbank der Niederlande im Rahmen des nun aufgelegten SMP mit den Stützungskäufen zu beginnen. Sie ermöglichte es damit nicht nur den Staaten, sich billiger zu refinanzieren, als es am Kapitalmarkt möglich gewesen wäre, sondern sie rettete auch die Pfänder der Banken, die Banken und damit sich selbst. Insgesamt hat die EZB zusammen mit ihren Mitgliedsnotenbanken, die den Löwenanteil der Last trugen, für 223 Milliarden Euro Staatspapiere von Griechenland, Portugal, Irland, Italien und Spanien gekauft. Allein schon die Käufe der Papiere des italienischen Staates, die allesamt in der Zeit vom August 2011 bis zum Februar 2012 stattfanden, hatten ein Volumen von 94 Milliarden Euro. Die Notenbanken retteten damals den italienischen Staat vor dem Konkurs.

Die Maßnahmen beruhigten die Lage, doch schlitterte man durch sie nur noch weiter in den Haftungsstrudel hinein.

Noch tiefer im Haftungsstrudel: Die Rettungsschirme EFSF und ESM – vierter Akt der Eurokrise

Die Zeit der fiskalischen Rettungsschirme brach an ...

Nun kam der vierte Akt. Die Politiker sagten sich: »Die EZB ist nicht demokratisch legitimiert, Staatspapiere zu kaufen. Was sie macht, ist eine monetäre Staatsfinanzierung, die Artikel 123 des EU-Vertrages unterläuft. Wenn jemand solche Staatspapiere kauft, dann sind wir es!«

Man gründete deshalb zeitgleich mit dem Beginn der Anleihekäufe seitens der Europäischen Zentralbank im Mai 2010 den schon erwähnten Rettungsfonds EFSF, der zunächst auf drei Jahre beschränkt war, doch zwei Jahre später, mit den Beschlüssen vom Sommer 2012, unter dem neuen Kürzel ESM erweitert und verstetigt wurde. Dem Fonds wurde die Aufgabe übertragen, notleidenden Staaten mit Krediten zu helfen und Staatspapiere auf dem offenen Markt zu kaufen, um die Kurse dieser Papiere zu stützen. Da mit dem Aufbau der EFSF viele Monate vergehen würden, tolerierte man das SMP der Europäischen Zentralbank in einer Übergangszeit, aber man wollte es anschließend so schnell wie möglich ablösen. Wie das SMP sollte auch die EFSF den Staaten niedrige Zinsen verschaffen und zudem die Pfänder für die Kredite aus der Druckerpresse sichern.

Aber die EZB machte überhaupt keine Anstalten, ihre Interventionen zu unterlassen, sondern betrieb ihre Aufkäufe auch dann noch weiter, als der Rettungsschirm EFSF funktionsfähig war und im Februar 2011 damit begann, Geld auszuzahlen. Griechenland hatte man schon ab Mai 2010 Geld gegeben, aber nicht im Rahmen der EFSF, sondern im Rahmen eines besonderen Soforthilfeprogramms.

Insgesamt waren damit bis zum Ende 2013 nach heutigem Kenntnisstand (Februar 2014) 1058 Milliarden Euro an öffentlichen Krediten an die Krisenländer gewährt worden, von denen 393 Milliarden von den Parlamenten verantwortet wurden und 665 Milliarden Euro vom Rat der EZB beschlossen oder toleriert wurden. Fast zwei Drittel der Rettungskredite wurden also vom EZB-Rat beschlossen und entzogen sich der demokratischen Kontrolle der Parlamente. Hier zeigte sich – und zeigt sich noch – ein ganz fundamentales rechtliches Problem, das das deutsche Bundesverfassungsgericht in Unruhe versetzen sollte.

All dies folgt quasi automatisch aus dem, was in den drei Akten der Eurokrise, wie ich sie skizziert habe, passiert war.

―――――――――――

Eine fatale Dynamik ...

Leider ja. Man kann den verantwortlichen Politikern nicht Fahrlässigkeit oder Irrationalität vorwerfen. Was sie taten, war naheliegend, wenn sie den Crash unter allen Umständen verhindern wollten und frühere politische Entscheidungen als gegeben ansahen und nicht eigene Fehlentscheidungen eingestehen wollten. Es ergab sich eine Pfadabhängigkeit der Politik, die nach dem, was schon entschieden und geschehen war, quasi automatisch den jeweils nächsten Schritt hervorbrachte. Das ist es wohl, was die Bundeskanzlerin meinte, als sie davon sprach, ihre Entscheidungen seien alternativlos gewesen.

Aber ganz so alternativlos, wie sie tat, waren die jeweiligen Entscheidungen jedoch nicht. Angesichts der Entwicklung, die alles genommen hat, hätte es an verschiedenen Punkten der mittlerweile als tragisch einzustufenden Ereigniskette sehr wohl Möglichkeiten für Ausbruchsversuche geben können. Damit solche Ausbruchsversuche, die nie ohne Risiko sind, gelingen, bedarf es freilich einer großen Tatkraft und gründlicher Kenntnisse der wirtschaftlichen Zusammenhänge.

Denn: Was wäre schon passiert, wenn die Politik die EZB nicht mit der Gründung der Rettungsschirme entlastet hätte? Sicherlich kein Zusammenbruch der Volkswirtschaften, wie drohend suggeriert worden war, denn die EZB war ja zur Stelle. Die EZB hätte sich dann allerdings selbst um die Rückholung ihrer Kredite bemühen müssen und wäre von vornherein, schon bei der Vergabe weiterer Kredite zurückhaltender gewesen. So aber, durch die absehbare Entlastung durch die Rettungsschirme, konnte die EZB immer mehr öffentliche Kredite gewähren, um so den Kapitalmarkt zu unterbieten und die Zinsen der Krisenländer zu senken, wohl wissend, dass all ihre Aktionen anschließend die Politiker unter Zugzwang setzen würden. Hätte sich die Staatengemeinschaft nicht von der EZB drängen lassen, wären weniger öffentliche Kredite geflossen, die Zinsen wären höher gewesen und die Länder hätten mehr Druck verspürt, ihre Institutionen zu reformieren und auch Steuern zu erhöhen, um ihre Schulden zurückzuzahlen. Und zu wachsenden Zinsen hätte sich wieder mehr privates Kapital in die Krisenländer getraut.

Die Behauptung, die Zinsen auf Staatspapiere seien damals so hoch gewesen, dass die Länder sie nicht hätten tragen können, hat nur bei Griechenland gestimmt. Griechenland war pleite. Darüber hätte man nicht hinwegtäuschen dürfen. Man hätte die bei einer Pleite nötigen Schritte sofort einleiten müssen, nämlich einen Schuldenschnitt zulasten der Gläubiger, der zwei Jahre später ja ohnehin kam.

Hätte man ihn sofort gemacht, wäre Griechenland möglicherweise ausgetreten.

Die anderen Länder wären mit Zinserhöhungen klargekommen. Dort lagen nämlich die Zinssätze für Staatspapiere im Jahr 2010 weit unter dem Niveau, auf dem sie sich in den Jahren vor der Euro-Einführung befunden hatten. Das Problem war nur, dass sich die Länder an die niedrigen Zinsen, die der Euro ihnen gebracht hatte, gewöhnt hatten und nun voller Schrecken eine Tendenz zur Rückkehr in alte Zinsdimensionen befürchteten. Es ging darum, das Eurosystem als Garant eines Niedrigzinsregimes zu erhalten, das vor der Disziplinierung durch den Kapitalmarkt schützt, mit allen Mitteln.

Das OMT-Programm der EZB – fünfter Akt des Dramas

Reichten die Programme denn?

Den Krisenländern reichten sie nicht. Sie fanden, dass die Rettungsschirme viel zu gering dimensioniert waren, um die Märkte wirklich zu beruhigen. Deshalb freuten sie sich, als die EZB im Sommer des Jahres 2012 das schon erwähnte OMT-Programm auflegte, also den notfalls unbegrenzten Ankauf von Staatspapieren ankündigte. Das war die fünfte Stufe der Eurokrise.

Wie schon beim bereits skizzierten OMT-Vorläuferprogramm SMP behauptet die EZB nun erneut, dieses Programm sei Geldpolitik. Das ist falsch, denn es bietet den Staaten und ihren Gläubigern kostenlosen Versicherungsschutz. »Whatever it takes« – »Was auch immer nötig ist«, erklärte EZB-Präsident Draghi bei einer Pressekonferenz auf die Frage, in welchem Umfang er bereit sei, den Anlegern Staatspapiere der Krisenländer abzukaufen und sie insofern vor Verlusten zu schützen. Wenn ein Staat wie etwa Spanien notleidend ist und deshalb Hilfen vom europäischen Rettungsschirm ESM beantragen kann, dann können die Käufer der Staatspapiere darauf vertrauen, dass die EZB die Papiere vor dem Ende der Laufzeit, wenn die Restlaufzeit im Bereich von einem bis drei Jahren liegt, in beliebigem Umfang aufkaufen wird. Vor einem Konkurs des spanischen Staates brauchen die Anleger also keine Angst mehr zu haben, denn das Konkursrisiko liegt nun bei der EZB und damit bei den Steuerzahlern der Eurozone.

Die Folgen des OMT-Programms: Es hat das Niedrigzinsregime für die Schuldenländer Südeuropas weiter gefestigt. Erst dieses Programm hat eine wirkliche Zinswende während der Krise bewirkt und sichergestellt, dass den Schuldenländern die Droge des billigen Kredits trotz schrumpfender Bonität erhalten blieb.

Aber war das richtig? Die EZB verteidigt diese Politik mit dem Hinweis, sie koste den Steuerzahler nichts und sei trotzdem wirksam. Dieser Standpunkt verkennt, dass mit diesem Programm eine Art CDS *(Credit Default Swap)*, also eine Art Versicherung gegen den Ausfall eines Staatspapieres, angeboten wird, wie sie jeder Anleger für gutes Geld auch am Markt kaufen kann und wie sie die Staatengemeinschaft im Übrigen auch selbst auf dem Markt anbieten könnte, um sich eine Versicherungsprämie zu verdienen, wenn sie es denn wollte. Eine Versicherung zur Verfügung zu stellen ist eine ökonomische Leistung, die auch dann einen Marktwert hat, wenn der Schadensfall gar nicht eintritt. Das ist das Wesensmerkmal einer Versicherung.

Die EZB aber verschweigt, dass ihr OMT-Programm nicht kostenlos ist. Wie bei jeder Versicherung aber muss hier jemand das Risiko tragen – und das sind am Ende vor allem die Steuerzahler.

Die im OMT-Programm eingebaute Versicherung wirkt als Geleitschutz für das Sparkapital Nordeuropas auf dem Weg in die Staatsbudgets Südeuropas, die den Kapitaleinsatz in Europa verzerrt. Die Krise kam ja dadurch zustande, dass die Anleger eigentlich die Nase voll hatten und sich aus Südeuropa zurückziehen wollten, nachdem sie dort viel Kapital in den toxischen Anlagen verbrannt hatten. Doch nun kommt die EZB und sagt implizit: Nein, nein, ihr sollt da weiter hingehen, denn es fehlt an Nachschub von Brennstoff. Dadurch wird wertvolles Sparkapital in falsche Verwendungen gelenkt und die Rolle des Kapitalmarktes bei der Zuweisung des knappen Sparkapitals auf alternative Verwendungen ausgehebelt, was auch weiterhin riesige Wachstumsverluste für Europa in seiner Gesamtheit bedeutet.

Damit werden vor allem die Steuerzahler Europas ins Risiko gestellt, ohne dass sie oder ihre Vertreter in den Parlamenten Europas zuvor gefragt worden wären.

Sie meinen: die Steuerzahler Nordeuropas ...

Ja, vornehmlich die, denn die haben ja etwas zu verlieren. Die Steuerzahler Nordeuropas – also Deutschlands, Hollands, Finnlands etc. – werden gezwungen, für den möglichen Konkurs des spanischen oder italienischen Staates mitzuzahlen. Denn wenn die Abschreibungen auf die toxischen Staatspapiere in den Büchern der EZB landen, dann müssen anschließend die Gewinnausschüttungen an die Finanzministerien der Mitgliedsländer im Umfang dieser Abschreibungen fallen. Und hier geht es nicht um Peanuts, wie manche meinen mögen, sondern um riesige Vermögenswerte. Der versicherungsmathematische Barwert der Zinseinnahmen des Eurosystems liegt bei statischer Rechnung bei etwa 1600 Milliarden Euro und bei dynamischer Rechnung unter Berücksichtigung von

Wachstum und Inflation bei über 3000 Milliarden Euro. Dass diese Vermögenswerte verloren gehen, will ich damit nicht sagen, doch ist dies die Verteilungsmasse, die der EZB zur Verfügung steht und die sie für ihr OMT-Programm und andere Rettungsmaßnahmen verbrauchen kann. An den Verlusten sind die Eurostaaten in Proportion zu ihrer Größe beteiligt, Deutschland zu 27 Prozent.

Dabei kommt der EZB zugute, dass der Gedanke, der Steuerzahler würde bei den Abschreibungsverlusten der EZB zur Kasse gebeten, von manchen nicht verstanden wird. Sie sehen hier nur einen irrelevanten buchhalterischen Vorgang. Auch die EZB selbst hat die Öffentlichkeit in diesem Glauben bestärkt, denn sie erklärte vor dem deutschen Verfassungsgericht, wie dieses Gericht selbst mitteilt, »ein Haftungsrisiko für die nationalen Haushalte bestehe nicht«, weil man durch Rückstellungen und Rücklagen ausreichende Risikovorsorge getroffen habe. Verluste könnten als Verlustvortrag in die Bilanz eingestellt und in den Folgejahren mit möglichen Einkünften ausgeglichen werden. Das ist leider eine ziemliche Vernebelung der Wahrheit, denn die EZB hätte ja die ohne die Abschreibungsverluste angefallenen Erträge aus den Staatspapieren an ihre Mitgliedsnotenbanken verteilen müssen, und die hätten sie dann an die jeweiligen Finanzministerien weiterreichen müssen. Der Verlust dieser Erträge muss also von den Steuerzahlern oder auch von anderen Gruppen der Gesellschaft wie z. B. Rentnern oder Hartz-IV-Empfängern voll und ganz ausgeglichen werden, und zwar gerade auch dann, wenn die Verluste in den Folgejahren mit möglichen Einkünften ausgeglichen werden. Die nationalen Staatshaushalte tragen ohne jede Einschränkung das volle Haftungsrisiko – und damit tragen es die Bürger!

Man könnte nun argumentieren, die EZB kaufe die Staatspapiere ja mit frisch gedrucktem Geld, und wenn es keine Erträge auf diese Papiere gibt, dann stünden sich die Steuerzahler genauso, als hätte die EZB die Papiere gar nicht gekauft. Auch dieses Argument ist falsch. Letztlich kauft sie die Papiere nicht mit neuem Geld, sondern sammelt an anderer Stelle genauso viel Geld durch Rücknahme der den Banken gewährten Refinanzierungskredite ein, wie sie für den Kauf der Papiere ausgibt. Das hat sie jedenfalls immer wieder betont. Wenn die EZB eine solche Sterilisierung der Liquiditätseffekte der Wertpapierkäufe nicht vornähme, wäre ihre Politik inflationär. Das würde alle Geldbesitzer treffen. Die Zinseinnahmen auf die Staatspapiere gehen also unweigerlich verloren, wenn die EZB die Papiere bis zur Fälligkeit hält und die Emittenten Konkurs anmelden. Es kommt für alle Ewigkeit zu Zinsverlusten, weil es nicht möglich ist, inflationsfrei Ersatzpapiere zu erwerben oder neue Refinanzierungskredite zu vergeben, die den nationalen Haushalten neue Zinserträge verschaffen würden.

Es ist auch vorgebracht worden, ein Verlust trete gar nicht auf, weil die Staaten keine Rekapitalisierungspflicht gegenüber ihren Notenbanken hätten und Notenbanken zur Not auch mit sogenanntem negativen Eigenkapital arbeiten könnten. Das wäre zu schön, um wahr zu sein. Wieder ein falsches Argument, das den ewigen Zinsverlust übersieht. Es stimmt zwar, dass die EZB rein technisch gesehen mit negativem Eigenkapital arbeiten kann, aber dennoch gehen dem Fiskus Erträge verloren, wenn Staatspapiere abgeschrieben werden. Der versicherungsmathematische Gegenwartswert der Zinsverluste auf die abzuschreibenden Wertpapiere ist gleich dem Abschreibungsverlust selbst. Ob ich ein Wertpapier verliere oder auf alle Ewigkeit die Zinsen verliere, die ein Vermögen im Wert dieses Wertpapieres erbringen würde, ist einerlei. Wir kommen also nicht um den Schluss herum, dass die EZB die Steuerzahler im Umfang ihrer kostenlosen OMT-Versicherung voll ins Risiko gesetzt hat und die gegenteilige Behauptung der EZB unwahr ist.

In dieser fünften Phase der Eurokrise erscheint diese nun etwas beruhigt ...

Ja, die Krise hat sich durch das OMT-Programm in der öffentlichen Wahrnehmung abgeschwächt. Die Zeitungen schreiben heute wieder über andere Dinge, und es könnte der Eindruck entstehen, das Schlimmste sei überwunden. Das ist falsch. Die Beruhigung hat einfach nur damit zu tun, dass die Medien sich offenbar vor allem an den Finanzmärkten orientieren, weil die Märkte gleich Zeter und Mordio schreien, wenn es irgendwo nicht so läuft, wie sie es gern hätten. Steuerzahler und Rentner sind hingegen ganz anders gepolt. Sie ruhen in sich, und man kann ihnen allerlei zumuten, bevor sie aufmucken. Durch das OMT-Programm werden keine Risiken eliminiert, sie werden lediglich von den cleveren Finanzanlegern auf die gutgläubigen Rentner und Steuerzahler verlagert. Das ist in der finanzkapitalistischen Mediendemokratie das Rezept zur Beruhigung der Lage.

Finanzkapitalistische Mediendemokratie ... ?

Ich höre mich selbst mit einer gewissen Verwunderung, wenn ich das sage, weil es so klingt, als redeten Gregor Gysi oder Sahra Wagenknecht, mit denen ich ansonsten gesellschaftspolitisch kaum etwas gemein habe. Aber in diesem speziellen Punkt haben sie Recht, und ich breche mir als eingefleischter Ordoliberaler keinen Zacken aus der Krone, wenn ich das zugebe.

Hoffnung: Die Grätsche des Bundesverfassungsgerichts in die Politik der EZB

Während wir uns hier unterhalten, ist das Verfassungsgericht am 7. Februar 2014 mit seiner lange erwarteten Stellungnahme zur Legitimität des OMT-Programms der EZB herausgekommen. Wie beurteilen Sie die?

Das Verfassungsgericht hat den Klägern bei der Beurteilung des OMT-Programms in vollem Umfang Recht gegeben und ist im Wesentlichen der Position gefolgt, die auch ich als vom Gericht bestellter Sachverständiger vertreten habe. Nach Meinung des Gerichts widerspricht das OMT-Programm dem europäischen Primärrecht. Es ist eine verbotene monetäre Staatsfinanzierung, die zu einer substanziellen Vermögensverlagerung zwischen den Ländern der Eurozone führen kann. Die EZB hat ihr Mandat überschritten und sich der Machtanmaßung schuldig gemacht.

Allerdings hat das Bundesverfassungsgericht sein abschließendes Urteil noch nicht gesprochen. Es hat sich vielmehr zunächst an den Europäischen Gerichtshof in Luxemburg, den EuGH, gewandt. Viele haben dies als Angst vor der eigenen Courage interpretiert, so als wolle sich das Gericht um eine eigene Meinung drücken. Aber das ist eine krasse Fehlinterpretation. In Wahrheit hat das Verfassungsgericht den EuGH nur um eine Meinungsäußerung gebeten und bleibt Herr des Verfahrens. Da es selbst zu der Auffassung gekommen ist, dass schon die Ankündigung eines unbegrenzten Aufkaufs von Staatspapieren den Unionsverträgen widerspricht, hat es nicht gefragt, ob der EuGH das genauso sieht, sondern nur, wie man nach Meinung des EuGH das Aufkaufprogramm so modifizieren und begrenzen könnte, dass es mit dem Unionsrecht kompatibel wird.

So vorzugehen ist weise, denn wenn das deutsche Verfassungsgericht die Bundesbank und die Bundesregierung ohne eine solche Anhörung des EuGH gezwungen hätte, sich der weiteren Anwendung des OMT-Programms zu widersetzen, hätte es eine Klage der EU gegen Deutschland vor dem EuGH provoziert, und die wäre dann vermutlich vernichtend ausgefallen. So gesehen ist es sicherlich besser, den EuGH von vornherein einzubinden, indem es ihn darum bittet, Vorschläge zur Begrenzung des OMT-Programms zu machen.

Das deutsche Verfassungsgericht bringt dazu selbst die Möglichkeit ins Spiel, das Volumen der Aufkäufe zu begrenzen und die erworbenen Staatspapiere vor einem Schuldenschnitt für die Papiere eines Pleitestaates zu schützen. Letzteres kann nach Lage der Dinge entweder dadurch geschehen, dass die EZB die erworbenen Papiere nur kurzfristig hält und lange vor Fälligkeit wieder verkauft. Oder es kann dadurch geschehen, dass die EZB-Papiere beim Staatskonkurs Vorrang vor den Papieren in Privateigentum haben, ähnlich wie es beim Schuldenschnitt für griechische Papiere im Frühjahr 2012 der Fall war. Beide Möglichkeiten hätten gravierende Auswirkungen auf die Kapitalmärkte, weil die Anleger sich ja gerade deshalb haben beruhigen lassen, weil sie davon ausgehen, dass die Abschreibungsverluste im Falle einer Staatspleite nicht von ihnen selbst, sondern von der EZB und damit von den hinter ihr stehenden Steuerzahlern getragen werden. Wenn die EZB beim Schuldenschnitt nicht mitmacht, müssen private Anleger umso höhere Verluste verkraften. Das wiederum wird sich von vornherein in niedrigeren Kursen der nicht erworbenen Papiere niederschlagen, sodass die Marktberuhigung gar nicht gelingen kann.

Das Gericht bemängelt, dass das OMT-Programm dazu dient, die Zinsspreizung zulasten überschuldeter Länder zu verringern. Damit hat es gegenüber seinem vorläufigen Urteil vom September 2012 noch nachgelegt. Schon damals hatte es gesagt, eine EZB-Politik, die dazu dient, die Finanzierung eines Staates vom Kapitalmarkt unabhängig zu machen, sei rechtswidrig. Damit wird die Begründung der EZB, das OMT-Programm sei durch geldpolitische Ziele zu rechtfertigen, hart zurückgewiesen. Es ist ja auch ökonomisch falsch, Zinsunterschiede einzuebnen, weil dadurch die Lenkungsfunktion des Kapitalmarktes unterminiert wird, dem das marktwirtschaftlich-kapitalistische System seine Effizienz verdankt. Wenn sich ein Staat stärker verschulden will, dann muss er höhere Zinsen zahlen – und hat deshalb einen Anreiz, sich nicht weiter, sondern eher weniger zu verschulden. Wäre dieser Grundsatz nicht unter Missachtung des Maastrichter Vertrages durch die falsche Bankenregulierung, speziell die fehlende Eigenkapitalunterlegung bei Staatspapieren, unterlaufen worden, hätte es die inflationären Kreditblasen, die die Länder Südeuropas ihrer Wettbewerbsfähigkeit beraubt haben, gar nicht geben können.

Das Thema ist auch für die deutschen Arbeitnehmer enorm wichtig, denn wenn die EZB den deutschen Kapitalanlegern zulasten der Steuerzahler Schutz beim Weg nach Südeuropa gibt, dann fehlt ebendieses Kapital in Deutschland und kann hier keine Arbeitsplätze schaffen. Konkret: In den letzten drei Jahren hatte Deutschland einen Immobilienboom, weil die Anleger wieder hier investieren wollten und sich nicht raustrauten. Der Bau brummte. Das schuf Arbeitsplätze, und endlich fangen nach langer Zeit die Löhne an zu steigen. Das OMT-Programm wirkt diesen Effekten entgegen, weil die Anleger sich jetzt doch wieder forttrauen in Länder, in die sie ohne das allokationsverzerrende OMT-Programm nicht investiert hätten. Damit schädigt es in allererster Linie die deutschen Arbeitnehmer und in zweiter Linie die deutschen Steuerzahler, die später für die Verluste aufkommen müssen.

***

Wobei das Bundesverfassungsgericht ja noch weiter gehend argumentiert ...

Ja. Es bemängelt, dass das OMT-Programm praktisch dasselbe tut wie der Rettungsfonds ESM, aber gar keiner demokratischen Kontrolle unterliegt. Das war ein Punkt, den auch ich in meinem Gutachten für das Verfassungsgericht herausgearbeitet hatte. Im ESM gibt es ein Programm, die sogenannte *Secondary Market Support Facility* (SMSF), das mit dem OMT-Programm praktisch identisch ist, weil es unter den gleichen Bedingungen verfügbar ist, nämlich jenen des ESM. Der Unterschied ist nur, dass das SMSF-Programm durch die Haftungsgrenze des ESM volumenmäßig beschränkt ist, während das OMT-Programm prinzipiell unbegrenzte Staatspapierkäufe vorsieht. Das wirft ein schwieriges Rechtsproblem auf. Denn wenn es stimmt, dass das OMT-Programm Geldpolitik ist, dann überschreitet der ESM sein Mandat, und wenn der ESM rechtmäßig handelt, weil das SMSF-Programm Fiskalpolitik ist, dann überschreitet die EZB ihr Mandat, denn Fiskalpolitik darf sie nicht machen. Eine der beiden Instanzen verhält sich also schon aus logischen Gründen unrechtmäßig, entweder die EZB oder der ESM. Nach Auffassung des deutschen Verfassungsgerichts liegt die Mandatsüberschreitung indes eindeutig bei der EZB.

Das Verfassungsgericht bestätigt, dass das OMT zu einer Vermögensumverteilung im Euroraum führen kann, wenn die EZB die erworbenen Staatspapiere aufgrund eines Staatsbankrotts abschreiben muss. Auf das merkwürdige Argument, das manchmal in den Medien verbreitet wird, dass die Verluste der EZB nur imaginär seien, weil die EZB sich das fehlende Geld drucken kann, fiel das Gericht nicht herein. Es bestätigte vielmehr, was ich hier sage: dass nämlich die EZB die Finanzmärkte beruhigt, indem sie die Steuerzahler ins Risiko setzt; und in Bezug auf die deutschen Steuerzahler tut sie das, wie es aussieht, auch bereits jenseits der Legalität.

———————————

Sie sind also zufrieden mit der Stellungnahme des Verfassungsgerichts?

Das Urteil ist von fundamentaler Bedeutung für die Zukunft des Euro und die weitere europäische Integration, weil es die europäischen Instanzen ganz generell davor warnt, den ihnen rechtlich gebotenen Rahmen zu überschreiten. Institutionen neigen aus der Not heraus und auch, um sich selbst mehr Macht zu verschaffen, stets dazu, den ihnen gesetzten Handlungsrahmen großzügig auszulegen. Die EZB ist dieser Gefahr in besonderer Weise ausgesetzt, weil sie mit dem Privileg der Unabhängigkeit von der Politik ausgestaltet wurde, um sie vor politischen Pressionen zu schützen. Unabhängigkeit von der Politik heißt aber nur, dass man sich innerhalb des Mandats frei entscheiden kann, nicht dass man die Grenzen dieses Mandats selbst definieren kann.

Über Seiten hinweg führt das Gericht dazu aus, dass es die Pflicht des Deutschen Bundestags und auch der Regierung ist, darüber zu wachen, dass die europäischen Institutionen ihr Mandat nicht überschreiten, und im Falle des Machtmissbrauchs aktiv dagegen vorzugehen. So heißt es:

> »*Aus der Integrationsverantwortung erwächst für den Deutschen Bundestag und die Bundesregierung die Pflicht, über die Einhaltung des Integrationsprogramms zu wachen und bei offensichtlichen und struk-*

turell bedeutsamen Kompetenzüberschreitungen durch Organe der Europäischen Union nicht nur Mitwirkungs- und Umsetzungshandlungen zu unterlassen, sondern aktiv auf die Einhaltung des Integrationsprogramms hinzuwirken.«

Damit greift das Gericht implizit die Politik der Bundesregierung an, der EZB augenzwinkernd bei ihren Rettungsaktionen zuzustimmen. Die Bundesregierung hatte das OMT-Programm im Sommer 2012 gegen den erklärten Willen und trotz der expliziten Warnungen der Bundesbank abgenickt und war der Bundesbank damals in den Rücken gefallen; das hatte ich ja bereits ausgeführt. Ohne diese Zustimmung hätte die EZB es nicht gewagt, das OMT-Programm überhaupt aufzulegen. Die Politik der augenzwinkernden Zustimmung kann die Regierung nun, da das Verfassungsgericht die Mandatsüberschreitung der EZB festgestellt hat, nicht mehr fortsetzen. Das sagt das Gericht recht deutlich. Auch wenn die Regierung passiv war, weil sie von der Legalität des Tuns der Zentralbank ausging, muss sie aktiv werden, nachdem sie darüber informiert wurde, dass das nicht der Fall ist. Die Regierung wird mit konkreten Aktionen gegen die EZB noch warten wollen, bis die endgültige Entscheidung des Bundesverfassungsgerichts vorliegt. Ich bezweifle aber, dass sie das darf. Sie hat ja schon jetzt Kenntnis von der Vertragsverletzung erlangt. Also muss sie ihr Verhalten jetzt ändern. Es gibt zur Frage des Handlungszwangs ein Minderheitsvotum von einem Mitglied des Gerichts, aber es ist eben nur ein Minderheitsvotum und nicht die Meinung der Mehrheit. Eigentlich müsste jetzt die Kanzlerin eine Regierungserklärung abgeben, aus der klar wird, dass sie nun einen neuen Kurs gegenüber der EZB einschlagen wird. Wird sie nicht aktiv, um gegen die Machtanmaßung der EZB vorzugehen, kann der einzelne Bürger vor dem Verfassungsgericht gegen die Bundesregierung klagen. Das Verfassungsgericht sagt dazu:

> »Der demokratische Entscheidungsprozess ... wird bei einer eigenmächtigen Kompetenzanmaßung von Organen und sonstigen Stellen der Europäischen Union unterlaufen. Der Bürger kann deshalb verlangen, dass Bundestag und Bundesregierung sich aktiv mit der Frage auseinandersetzen, wie die Kompetenzordnung wiederhergestellt werden kann, und eine positive Entscheidung darüber herbeiführen, welche Wege dafür beschritten werden sollen.«

Ich bin ein Bürger, und ich verlange das jetzt einmal von Bundestag und Bundesregierung.

Wie wird es Ihrer Meinung nach weitergehen?

Schwer zu sagen. Ich vermute, die Bundesregierung wird es auf eine Klage ankommen lassen und ihren Kurs zunächst einmal fortsetzen. Sodann wird es Verhandlungen zwischen den Gerichten über die mögliche Begrenzung des OMT-Programms geben, denn ich kann mir schwerlich vorstellen, dass der EuGH nun den Spieß umdreht und dem Verfassungsgericht vorwirft, seine eigenen Kompetenzen überschritten zu haben, wie es viele ausländische Kommentatoren vorschlagen. Das wäre eine europäische Verfassungskrise, die bös enden könnte. Also wird man dem deutschen Gericht mehr oder weniger stark entgegenkommen müssen. Zum Glück ist der Vorsitzende Richter Vasilios Skouris ein anerkannter Staatsrechtler, der mit dem deutschen Recht bestens vertraut ist und die Bedeutung der Stellungnahme des deutschen Verfassungsgerichts einzuschätzen weiß. Skouris hat in Berlin und Hamburg studiert, und er lehrte unter anderem an der Universität Bielefeld. Sorgen mache ich mir allerdings wegen der Zusammensetzung des Gerichts, in dem jedes Land, ob groß oder klein, mit einem Richter vertreten ist. Die strukturelle Mehrheit der Schuldenländer in diesem Gremium könnte sich negativ auswirken.

Im Endeffekt wird die Entscheidung aber beim Bundesverfassungsgericht liegen. Nur es selbst kann entscheiden, ob eine bestimmte Auslegung der EU-Verträge noch mit dem Grundgesetz kompatibel ist. Im Zweifel kann das Verfassungsgericht den Bundestag und die Bundesregierung zwingen, eine Neuverhandlung der Maastrichter Verträge anzustreben. Es wird der neuen Koalition auch nicht viel helfen, dass sie über mehr als zwei Drittel der Sitze des Bundestages verfügt und notfalls das Grundgesetz ändern könnte. Denn die deutschen Verfassungsrichter betonen, dass der Bundestag nicht das Recht hat, generellen Ermächtigungsklauseln zuzustimmen, die die Verfügung über deutsche Budgetmittel in die Hände ausländischer Instanzen legen und einen »Leistungsautomatismus« erzeugen, der, »einmal in Gang gesetzt, seiner Kontrolle und Einwirkung entzogen ist«. Solche Klauseln würden die verfassungsmäßigen Grundlagen der Bundesrepublik Deutschland verändern. Um sie zu rechtfertigen, bedürfte es, wie der ehemalige Verfassungsrichter Udo di Fabio ausgeführt hat, einer neuen verfassungsgebenden Versammlung oder einer Volksabstimmung.

***

Und heute?

Schon heute dürfte sich die Bundesbank meines Erachtens am OMT-Programm nicht mehr beteiligen. Das Gericht betont ausdrücklich, dass deutsche Verfassungsorgane, Behörden und Gerichte an kompetenzüberschreitenden Handlungen der EZB nicht mitwirken dürfen und dass das auch für die Deutsche Bundesbank selbst gelte. Da auch die Bundesbank inzwischen vom Gericht informiert wurde, dass die EZB nach dessen Auffassung vermutlich ihre Kompetenzen überschritten hat, sollte sie sich bereits jetzt gebunden fühlen, und nicht erst, wenn ein rechtskräftiges Urteil auf dem Tisch liegt.

Natürlich könnte die EZB die Staatspapiere der Krisenländer dann von anderen Mitgliedsnotenbanken kaufen lassen. Dann würde die Bundesbank im Falle eines Staatskonkurses das gleiche Risiko tragen, als wenn sie sie selbst gekauft hätte, weil die Verluste ja unter allen Notenbanken umgelegt werden. Es würde aber im Falle des Auseinanderbrechens des Euro sehr wohl einen Unterschied machen, ob die Bundesbank toxische Anlagen in ihrer Bilanz hat oder nicht. Denn wenn nicht, könnte sie die Ansprüche der anderen Notenbanken auf eine Mitbeteiligung an den Verlusten dann mit ihren Target-Forderungen aufrechnen. Insofern wäre die Bundesbank schlecht beraten, sich am OMT-Programm zu beteiligen, wenn die EZB es denn aktivieren wollte. Wer will, kann die toxischen Staatspapiere ja vertragswidrig kaufen. Wenn der Euro zerbrochen ist, muss er dann sehen, wie er seine Forderungen eintreibt.

Das, was im Falle des Zusammenbruchs passieren könnte, ist nicht nur für den Fall eines solchen Zusammenbruchs relevant, sondern vor allem auch schon vorher. Die Vorstellung von dem, was im Fall des Falles passieren würde, bestimmt das Handeln der Politiker in Normalzeiten. So trägt zum Beispiel der mögliche Verlust der Target-Forderungen der Bundesbank dazu bei, dass die Politik immer wieder neue Rettungsschirme aufspannt, um ebendiesen Zusammenbruch zu verhindern. Bei den Staatspapieren ist es ähnlich. Je mehr Staatspapiere der Krisenländer die Bundesbank aufkauft, desto mehr wird der Bundestag zum Gefangenen der Verhältnisse und steht zum Schluss wieder vor fast alternativlosen Entscheidungen.

So oder so sind wir durch die nun offiziell festgestellte vertragswidrige Machtanmaßung – das Gericht spricht von »Machtusurpation« – der EZB an einem Punkt von historischer Bedeutung für die Entwicklung der Bundesrepublik Deutschland angekommen. Erstmals wird das deutsche Verfassungsgericht den eingeschlagenen Integrationsweg stoppen und eine Richtungsänderung erzwingen.

Was immer das endgültige Ergebnis des Gerichtsverfahrens im Einzelnen sein wird: Es ist schon jetzt klar, dass die bisher praktizierte Europapolitik der Bundesregierung an ihr Ende gekommen ist. Die Politik der augenzwinkernden Zustimmung gegenüber den übergriffigen Entscheidungen der EZB kann nicht mehr fortgesetzt werden. Stattdessen müssen die Parlamente Europas das Heft der Entscheidungen wieder in die Hand nehmen.

Die Europapolitik der Bundesregierung wird sich schon deshalb ändern, weil die AfD und eurokritische Stimmen in den Regierungsparteien, so z. B. Peter Gauweiler, stellvertretender Vorsitzender der CSU, durch die Stellungnahme des deutschen Verfassungsgerichts gestärkt wurden. Die Regierungsparteien werden sich bewegen, weil sie Angst haben, Wählerstimmen zu verlieren, und weil sie von innen her zu einer Richtungsänderung gedrängt werden.

Es gäbe auch Auswirkungen auf die Kapitalmärkte ...

Richtig, denn die Akteure an den Kapitalmärkten beobachten diese Entwicklungen natürlich mit Argusaugen. Ihr anfänglicher Gleichmut könnte irgendwann in Skepsis umschlagen und eine Vergrößerung der Zinsspreads bewirken, wenn nicht inzwischen schon wieder neue Rettungsschirme aufgespannt werden. Das könnte die Phase der künstlichen Stabilisierung der Kapitalmärkte durch die Übertragung der Anlagerisiken auf die Steuerzahler beenden. Ich würde das begrüßen, denn der Kapitalmarkt braucht die Unruhe der Anleger, damit er funktionieren kann. Ich betone es nochmals: Nur wenn die Anleger das Risiko ihrer Entscheidungen selbst tragen, werden sie bei Schuldenexzessen höhere Zinsen verlangen und die Schuldner zum Sparen veranlassen. Nur mit diesem Mechanismus lassen sich inflationäre Kreditblasen vermeiden bzw. nach dem Platzen solcher Blasen die nötigen Reformen und preislichen Anpassungen durchsetzen, die für das Eurosystem überlebenswichtig sind.

Hat das OMT-Programm der EZB, das Sie so vehement kritisieren, nicht auch Vorteile?

Ja, natürlich. Aber eben nur für bestimmte Gruppen von Menschen. Aus der Sicht der Finanzmärkte und der Politiker, die, egal wie, einfach nur Ruhe an der Front haben wollen, liegt der Vorteil des OMT darin, dass es viele äußere Indikatoren der Krise sozusagen wegbläst, zumindest kurzfristig. Die Kapitalflucht hat plötzlich ein Ende, die Zinsen der überschuldeten Staaten fallen und die unmittelbare Konkursgefahr ist gebannt. Überdies gehen die erwähnten Target-Salden zurück, weil die Kapitalanleger wieder neue private Kredite in die Krisenländer überweisen, was die Rückzahlung eines Teils der Kredite aus der Druckerpresse ermöglicht. All diese Aspekte können die Vertreter der EZB und ihre Unterstützer zugunsten des OMT-Programms anführen.

Außerdem hat das OMT-Programm für die Schuldner den Riesenvorteil, dass sie nicht so viel Geld für Zinsen ausgeben müssen.

Durch die niedrigen Zinsen, mit denen sich die Anleger wieder zufriedengeben, wird es ihnen sogar ermöglicht, sich noch mehr zu verschulden. Die Ressourcen, die man auf diese Weise erhält, hat man schon einmal, und ob es je zu einer Rückzahlung kommt, wird sich zeigen. Je höher die Schuldenlast, desto unwahrscheinlicher ist es, dass man die Schulden wird zurückzahlen können, und desto eher kann man die Staatengemeinschaft zwingen, mit ihrer zinssenkenden Politik fortzufahren und weitere staatliche Hilfen zu gewähren, um den Konkurs zu vermeiden oder hinauszuschieben. So wird der Lebensstandard der Schuldner geschützt und ein Crash zunächst einmal vermieden.

Aber es gibt eine Kehrseite ...

Die Kehrseite ist, dass die Sparer eines Teils der Mittel beraubt werden, aus denen sie sonst ihren Alterskonsum hätten finanzieren können. Lebensversicherer und Anlagehäuser bieten ja schon jetzt nur noch mickrige Zinsen, die vielfach noch nicht einmal die Inflation ausgleichen.

Die Krisenländer bestehen per saldo nicht aus Sparern, sondern aus Kreditnehmern. Sie profitieren deshalb von der Politik der EZB. Demgegenüber ist Deutschland ein Land, das per saldo Ersparnisse exportiert. Ja, es ist der weltweit größte Exporteur von Ersparnissen überhaupt, weil es weltweit die größten Leistungsbilanzüberschüsse aufweist. Die Deutschen gehören deshalb in ihrer Gesamtheit zu den Verlierern der Zinssenkungen, die durch die EZB-Politik induziert wurden, und das schon seit einigen Jahren. Als Trostpflaster hat man die Behauptung parat, dass es ohne die zinssenkende EZB-Politik Abschreibungsverluste bei den deutschen Banken und Versicherern gegeben hätte. Das mag wohl sein. Es ändert aber nichts daran, dass das Vermögen, das sich Deutschland mit seinen Exportüberschüssen im Ausland angehäuft hat, durch die Schuldenexzesse so oder so bereits dezimiert ist.

Es kommt noch schlimmer – die Bankenunion als sechster Krisenakt

Schauen wir also, wie sich die Zukunft des OMT-Programms nach der Stellungnahme des Bundesverfassungsgerichts entwickelt. Zurück nun zu den sieben Akten der Eurokrise …

Kommen wir zum sechsten Akt, der Bankenunion. Da stehen wir heute. Bankenunion klingt irgendwie gut. Aber was ist damit gemeint? Welche Konsequenzen hat das? Viele Banken Südeuropas sind vom Konkurs bedroht, weil viele ihrer Kredite in unrentable Bauprojekte geflossen sind und sie nicht genug Eigenkapital hatten, die Verluste wegstecken zu können. Das gefährdet die EZB selbst, denn sie ist der größte Gläubiger der Banken der Krisenländer. Bis zum Jahresende 2013 waren, wie schon erwähnt, drei Viertel der Geldmenge der Europäischen Zentralbank durch Kreditvergabe oder Käufe von Aktiva in den sechs Krisenländern Griechenland, Irland, Portugal, Spanien, Italien und Zypern entstanden. Das waren 943 Milliarden Euro. Der Löwenanteil dieser Kredite besteht aus Forderungen des Zentralbanksystems gegenüber den Geschäftsbanken der Krisenländer. Insbesondere die darin enthaltenen und durch die Target-Salden gemessenen Zusatzkredite in Höhe von gut 600 Milliarden Euro, die für Güterkäufe, Vermögensanlagen und private Schuldentilgung in anderen Ländern Verwendung fanden, sind ein großes Problem für die Notenbanken, weil sie durch den Verzicht auf normale Sicherheitsstandards für die von den Banken im Ausgleich zur Verfügung gestellten Pfänder ermöglicht wurden. Bei einem Eigenkapital des gesamten EZB-Systems in Höhe von etwa 350 Milliarden Euro würde ein Verlust eines Teils der Kreditforderungen die Zentralbanken des Eurosystems auf jeden Fall erheblich treffen.

Wie bereits gesagt, drängte die EZB die Regierungen der Eurostaaten im Frühjahr 2012, den Rettungsfonds ESM auch für die Rettung der Banken einzusetzen. Deutschland war zunächst dagegen, aber bei der Nachtsitzung zum 29. Juni 2012 musste Bundeskanzlerin Angela Merkel sich abermals dem vereinten Druck der Staatspräsidenten Frankreichs, Spaniens und Italiens beugen. Im hellen Morgengrauen gab sie ihren Kampf auf. Als Vollblutpolitikerin verstand sie es aber, die Niederlage abermals als Erfolg ihrer Politik zu verkaufen.

Welches sind die wahren Folgen?

Die Deutschland abgerungene Zustimmung zur Verwendung der ESM-Mittel für die Bankenunion wird uns teuer zu stehen kommen. Denn die Schulden der Banken der Krisenländer, die man nun mit den Steuergeldern der noch gesunden Länder des Euroraums absichern will, liegen bei 8,2 Billionen Euro, mehr als dem Doppelten der Staatsschulden dieser Länder. Kleine Abschreibungsverluste auf diese Summe sind riesige Summen für die Steuerzahler. Der ESM mit seiner nominalen Haftungssumme von 700 Milliarden Euro, wovon aber allein 259 Milliarden Euro auf die Krisenländer selbst entfallen und bisher nur 64 Milliarden Euro bar eingezahlt wurden, würde hier sicherlich nicht reichen, wenn man ihn zur Plünderung freigäbe. Schon heute werden die Abschreibungsverluste der Banken der sechs Krisenländer auf 650 Milliarden Euro geschätzt. Da stehen astronomische Summen auf dem Spiel. Wenn da etwas schiefgeht – und da wird einiges schiefgehen, weil die Banken der Krisenländer bekanntermaßen gefährliche Immobilienkredite vergeben haben, von denen viele abzuschreiben sein werden –, dann entstehen gewaltige Lasten, die die Lasten für die Absicherungen der Krisenstaaten noch in den Schatten stellen könnten. Viele Leute denken ja, vereinfacht ausgedrückt: »Nachdem wir das Problem der Staatsschulden durch Sozialisierung gelöst haben, lösen wir jetzt die Bankenkrise mit links.« Diese Leute haben keine Ahnung, wovon sie reden. Es geht hier um Größenordnungen, mit denen sich die gesunden Staaten Europas überheben werden.

Warum bittet man nicht die privaten Gläubiger der krisengeschüttelten Banken, also die privaten Finanzanleger, zur Kasse?

Das ist eine berechtigte Frage, und in der Tat ist das beabsichtigt. Nachdem die EU noch im Juni 2012 eine Gläubigerbeteiligung bis 2018 ausgeschlossen hatte, ist man nach der Zypern-Krise übereingekommen, die Gläubiger nicht mehr vollständig zu schützen, sondern die Lasten der Steuerzahler zu begrenzen. Es war der Bevölkerung nicht mehr zu vermitteln, dass die Staatengemeinschaft die Anlagen der russischen Oligarchen in Zypern schützen und ihnen die Flucht nach Moskau oder auf die Bahamas ermöglichen sollte.

Die EU wirft in diesem Zusammenhang die Frage auf, ob eine Gläubigerbeteiligung wirklich sinnvoll sei. Das ist unglaublich – und klingt so, als sei die Rückzahlung der Schulden der Banken eigentlich die Sache der Steuerzahler, dass man nun aber unter Verletzung eines üblichen Grundprinzips doch die Gläubiger beteiligen wolle. Was für eine Verdrehung der Tatsachen, denn der Steuerzahler hat mit den Kreditverträgen, die die Banken und ihre Gläubiger miteinander geschlossen haben, nichts zu tun. Fakt ist, dass die Politik die Steuerzahler unter Verletzung des Prinzips der Verursacherhaftung ins Boot holen und ihnen einen Teil der Lasten der Bankpleiten auferlegen will, um so bestimmte Gruppen von Gläubigern zu sichern. Es geht nur noch um die Frage, in welchem Umfang die Steuerzahler zur Kasse gebeten werden, um die Bankenschulden abzusichern, *dass* sie zur Kasse gebeten werden, ist beschlossene Sache.

Bemerkenswert ist in diesem Zusammenhang, dass es eine lange Liste von Ausnahmen bei der sogenannten Gläubigerbeteiligung gibt. So sollen die Konten der Kunden im Umfang des doppelten des mittleren deutschen Haushaltsvermögens, nämlich 100.000 Euro, geschützt werden, und Forderungen gegenüber den Banken, die schon mit Pfändern besichert sind, sollen ein zweites Mal durch die Staatengemeinschaft besichert werden. Außerdem sollen alle besicherten Verbindlichkeiten, Lohn- und Pensionsverpflichtungen, gedeckten Einlagen und Einlagen anderer Banken mit einer Laufzeit von weniger als sieben Tagen von einer Haftung ausgenommen werden. Da bleibt zum Schluss nicht mehr viel Fremdkapital, das noch in die Haftung genommen werden könnte. Alle diese Ausnahmen führen unweigerlich dazu, dass dem Steuerzahler das Risiko aufgebürdet wird. Die Inanspruchnahme der Mittel des ESM, für die der Steuerzahler geradesteht, ist vorprogrammiert.

Das ist schon deshalb so, weil die Vorstellung, die Banken würden die Verluste selbst aus einem Fonds tragen können, der nach zehn Jahren 50 Milliarden Euro eingesammelt haben könnte, abwegig ist. Das Geld wird hinten und vorne nicht reichen. Wie gesagt, es werden für die Banken der Krisenländer schon heute Abschreibungsverluste von 650 Milliarden Euro geschätzt.

Oft wird gesagt, bei der Bankenunion gehe es lediglich um eine gemeinschaftliche Regulierung der Banken unter maximalem Schutz der Steuerzahler ...

Das ist falsch. Wenn man den Steuerzahler schützen wollte, bräuchte man nur vorzusehen, dass keine Gemeinschaftsmittel zur Rekapitalisierung der Banken herangezogen werden. Denn eine Situation, in der das den Gläubigern gehörende Fremdkapital der Banken und das Eigenkapital der Aktionäre nicht ausreichen, etwaige Verluste zu decken, ist gar nicht möglich. Banken halten meistens gerade einmal 3 Prozent Eigenkapital in der Bilanz, was sie verschleiern, indem sie das Eigenkapital gar nicht auf die Bilanzsumme, sondern nur auf die sogenannten risikogewichteten Aktiva beziehen, bei denen zum Beispiel die gehaltenen Staatspapiere gar nicht mitgezählt werden. Dieses Eigenkapital und das Fremdkapital sollen für bis zu 8 Prozent der Bilanzsumme für die Verluste haften. Aber was ist mit den restlichen 92 Prozent? Meine Sorge ist, dass sie letztlich der Gemeinschaftshaftung der Steuerzahler übertragen werden.

Ich verkenne nicht, dass man über eine Beschränkung der Haftung des Steuerzahlers verhandelt. Finanzminister Schäuble bemüht sich redlich, das Risiko einzugrenzen. So ist von einer Begrenzung der Gemeinschaftshaftung auf 5 Prozent der Bilanzsumme die Rede, und nur unter, wie es heißt, »außergewöhnlichen Umständen« sei eine weitere Finanzierung aus alternativen Finanzierungsquellen möglich. Man ahnt schon, worauf das hinausläuft. Wer A sagt, wird auch B sagen müssen. Wenn man diese Pandora-Büchse erst einmal aufmacht, wird man sie nicht mehr schließen können.

So ist die Wahrheit wieder einmal etwas anders, als es durch eine geschickte Wortwahl der Politiker suggeriert wird. Die Gläubiger werden zu einem erheblichen Teil aus der Haftung genommen, zu der sie rechtlich verpflichtet sind, und an ihrer Stelle werden die Steuerzahler, Rentner und Transferempfänger zur Kasse gebeten.

Die Beteiligung der Steuerzahler hatte die Bundesregierung im Zuge der Verhandlungen zwar zunächst weit von sich gewiesen. Zum Weihnachtsfest 2013 erweckte die Bundesregierung den Eindruck, sie sei vom Tisch.

Aber dann kamen die Franzosen ...

Ja, die Franzosen beharren darauf. Der französische Finanzminister Pierre Moscovici sieht das als wesentliches Ergebnis der Einigung der Staatschefs vom Juni 2012, wie er im Januar 2014 im *Handelsblatt* betonte. Man ziert sich zwar in Berlin noch, aber da es Geld will, um seine Banken zu schützen, die die Hauptgläubiger der südlichen Staaten sind, ist Frankreich in diesem Punkte unerbittlich. Und wenn Frankreich unerbittlich ist, gibt Deutschland halt nach. So war es bei allen Rettungsaktionen während der Krise, und so ist es auch diesmal. Die Staatsräson verlangt offenbar den bedingungslosen Ausgleich mit Frankreich. Ein CNN-Kommentator hat das Wesen der EU einmal auf den Punkt gebracht, als er es als »French Affair with German Money«, also als »französische Angelegenheit mit deutschem Geld«, bezeichnete.

Steuergelder bei der Rettung der Banken einzusetzen, ist in hohem Maß ungerecht und gefährlich. Denn nur die Gläubiger der Banken verfügen über das Vermögen, das nötig ist, um die Verluste zu tragen, und sie sind es, die ihr Vermögen falsch angelegt haben. Es ist nur recht und billig, dass sie zur Kasse gebeten werden. Jede andere Lösung führt zu ungerechtfertigten Belastungen von Personengruppen, die mit der ganzen Sache gar nichts zu tun haben, und lädt geradezu zur Wiederholung ein. Immer wieder kann man sein Geld in Zukunft dubiosen Banken anvertrauen und es in riskanten Operationen verbrennen, ohne in vollem Umfang für die Kosten der eigenen Fehlinvestition aufkommen zu müssen.

*** Wie sehen Sie die Rolle der deutschen Banken und Versicherungen dabei?***

Ich will sie von dieser Kritik nicht ausnehmen. Sie, allen voran die staatlichen Landesbanken, haben vor der Eurokrise gehörig gezockt, indem sie das Geld, das sie sich geliehen haben, bedenkenlos in amerikanische strukturierte Wertpapiere und die Staatspapiere der südlichen Länder anlegten. Meine Position impliziert, dass auch sie die Abschreibungslasten im Falle von Bankpleiten tragen müssen, statt auf das Geld der Steuerzahler hoffen zu dürfen.

Leider haben nun die Europäische Zentralbank und die fiskalischen Rettungsschirme den Anlegern, die ihr Geld gen Süden trugen, also auch unseren deutschen Banken und Versicherungen, bereits in großem Umfang zur Flucht verholfen, indem sie große Summen quasi staatlichen Kredits als Ersatz für den wegbrechenden privaten Kredit an die Krisenländer gewährten. Das Geld aus den öffentlichen Krediten wurde zur Rückzahlung der privaten Kredite verwendet. Das mag die Politik anders ausdrücken wollen, aber so war es de facto. Ohne die öffentlichen Ersatzkredite, die bereitgestellt wurden, hätten sich die Kapitalanleger nicht aus ihren Engagements lösen und aus dem Staube machen können. So gesehen ist es für den Steuerzahler zum Teil schon zu spät. Er weiß es nicht, aber er ist über die Rettungsaktionen bereits selbst zum Gläubiger der Banken geworden und ist insofern von den möglichen Abschreibungen betroffen. Er hängt bereits am Angelhaken.

Sie beschreiben die Bankenunion als ein Programm zur Sozialisierung von Abschreibungslasten. Ist es nicht auch ein Programm zur Beaufsichtigung und Abwicklung von Banken?

In der Tat. Die EZB soll nun sogar selbst zum Aufseher der Banken werden. Das ist eine äußerst heikle Entscheidung der Staatengemeinschaft, denn nun entscheidet der größte Gläubiger der Banken, also derjenige, der bei einer Bankenpleite die größten Verluste hätte, darüber, ob eine Bank abzuwickeln ist oder mit den Mitteln des ESM gerettet werden sollte. Es ist zu befürchten, dass ein solcher Gläubiger sehr großzügig über das Geld der Steuerzahler verfügen wird, weil er sich damit selbst retten kann. Konkret ist zu befürchten, dass die EZB bei der anstehenden Beurteilung der Bonität der Aktiva der Banken beide Augen zudrücken wird, um Zeit zu gewinnen und die Banken erst einmal in die neuen kollektiven Schutzsysteme zu überführen. Je später die Bilanzwahrheit festgestellt wird, desto größer ist der Prozentsatz der Abschreibungsverluste, die dem kollektiven Rettungsschirm zugewiesen werden und die die EZB dann nicht in ihrer eigenen Bilanz verbuchen muss.

Bei der Rettung der zyprischen Banken kamen die Gläubiger aber nicht ungeschoren davon.

Ja, im Frühjahr 2013 gab es für Zypern eine Lösung, bei der die Gläubiger der Banken Federn lassen mussten. Allerdings waren die Steuerzahler der noch gesunden Länder zuvor schon mit großen Krediten unterwegs. Über die EZB und die Staatengemeinschaft gewährte man circa 18 Milliarden Euro, was so viel ist wie die gesamte jährliche Wirtschaftsleistung des Landes. Dieses Geld wurde großenteils verwendet, um das bei ausländischen Privatanlegern geliehene Geld zurückzuzahlen und ihnen dadurch die Flucht aus Zypern zu ermöglichen.

Zypern war ja selbst eine Fluchtburg für englisches, russisches und griechisches Anlagekapital, sicherlich großenteils auch Schwarzgeld. Wer einmal nach Zypern gereist ist und die goldbehängte Schickeria in den Hotels des Landes beobachtet hat, weiß, wovon ich rede. Selbst wenn dort nur deutsche Anleger ihr Geld untergebracht hätten, vermöchte ich nicht einzusehen, warum deutsche Steuerzahler und Rentner auch nur einen Cent in die Rettung dieser Anleger investieren sollten, denn die Anleger haben zuvor allesamt prächtige Zinsen verdient. Selbst für normale Kontokorrentkonten erhielt man in Zypern Zinsen von 4 Prozent und mehr. Es hätte andere und entschieden bessere Möglichkeiten gegeben, Zypern und seinen Menschen zu helfen, ähnlich jenen, die ich schon im Zusammenhang mit Griechenland erwähnt habe.

Siebter Akt: Eurobonds – ein Hauch von DDR und die Enteignung der Sparer

Und nach der Bankenunion kommen die Eurobonds ...

Das könnte passieren. Im siebten Akt der Eurokrise bzw. auf seiner siebten Eskalationsstufe wird man, wenn nicht vorher das deutsche Verfassungsgericht die Reißleine zieht, Eurobonds einführen, weil man meint, der Schuldenkrise sonst nicht mehr Herr werden zu können. Zumindest wird man so zu argumentieren versuchen.

Worum geht es bei den Eurobonds? Es sind gemeinsam von einer europäischen Institution, vielleicht dem ESM, begebene Staatspapiere, für die die Länder Europas anteilig oder gesamtschuldnerisch haften und bei deren Erwerb sich die Anleger mit niedrigen Zinsen begnügen, weil sie diese Papiere für relativ sicher halten. Die Erlöse aus dem Verkauf der Papiere werden anschließend zu den niedrigen Zinsen an die Einzelstaaten weiterverliehen.

Der Schritt zu den Eurobonds ist nicht mehr allzu weit. Einerseits begibt der ESM bereits ähnliche Anleihen und verleiht das Geld anschließend weiter an die Krisenländer, wobei alle Länder anteilig haften. Die Begrenzung der Haftung der Staatengemeinschaft und die Notwendigkeit, bei einer Mittelbeanspruchung ein Hilfsabkommen mit der Staatengemeinschaft abzuschließen, machen zwar noch einen gewissen Unterschied, aber der politische Druck zur Aufweichung dieser Schranken ist erheblich. Der damalige italienische Ministerpräsident Mario Monti hatte nach der Regierungskonferenz vom Juni 2012 bereits erklärt, dass man seiner Meinung nach vereinbart habe, ein Hilfe suchendes Land müsse in Zukunft keine besonderen Verhaltensmaßregeln außer den ohnehin schon geltenden Regeln des Fiskalpaktes einhalten. Diese Sicht wurde zwar von deutscher Seite bestritten, doch kann man sich gut vorstellen, wohin die Reise gehen wird. Wenn wieder eine Krise auf den Finanzmärkten ausbricht, weil der bislang gewährte Kreditrahmen ausgeschöpft ist, und wenn genügend viele Länder Druck machen, dann wird man auch noch die letzten Beschränkungen fallen lassen.

Andererseits impliziert auch das OMT-Programm der EZB bereits eine Art Eurobond. Wie erläutert, hatte die EZB erklärt, dass sie den Anlegern die Staatspapiere der Euroländer im Notfall vor ihrer Fälligkeit abkaufen wird, was einen kostenlosen Versicherungsschutz zulasten der Steuerzahler bedeutet, weil die Steuerzahler gegebenenfalls für die Verminderung der Gewinnausschüttungen des Eurosystems an die nationalen Finanzministerien aufkommen müssen. Damit wurden die Staatsanleihen der Euroländer bereits einer gemeinsamen Haftung unterworfen, wie es bei Eurobonds der Fall ist.

Wenn die EZB bzw. die hinter ihr stehenden nationalen Notenbanken wirklich Staatspapiere kaufen, weil eine neue Krise ausbricht – und man wird dann im Umfang von Hunderten von Milliarden Euro kaufen müssen –, steht das Eurosystem nicht nur über die riesigen zusätzlichen Kredite aus der Druckerpresse im Risiko, die es den Banken gab, sondern auch noch über diese Papiere. In dieser Situation wird die EZB die Politik bedrängen, Eurobonds einzuführen, um nicht selbst zu Abschreibungen auf diese Papiere gezwungen zu sein. Mit Hilfe der Eurobonds können sich die Krisenländer wegen der Mithaftung der anderen Länder günstig finanzieren, und die dabei gewonnenen Mittel können sie einsetzen, um ihre alten Staatspapiere bei Fälligkeit abzulösen, was der EZB die Abschreibungsverluste erspart.

Solche Entlastungseffekte für die EZB wären aber auch gefährlich ...

Ja, ohne Zweifel würden die Eurobonds die EZB entlasten und die Kapitalmärkte beruhigen, was die Konkursgefahr für die betroffenen Länder erst einmal reduziert. Genauso sicher ist aber, dass sich die Länder unter dem Schutz der gemeinsamen Haftung, die ihnen niedrige Zinsen beschert, immer mehr verschulden werden.

Dagegen werden die fiskalischen Schuldengrenzen, die man vereinbart hat, nichts ausrichten, denn die wurden ja schon 2013, ein Jahr nach ihrer Verabschiedung, von vielen Ländern gebrochen. Die Schuldengrenzen boten die Schuldner Deutschland an, damit es die

Ausweitung der Gemeinschaftshaftung akzeptierte, doch kaum hatte Deutschland den ESM-Vertrag ratifiziert, wurde das Papier, auf dem der Fiskalpakt geschrieben wurde, zur Makulatur. Es macht ja auch keinen Sinn, die goldene Kreditkarte auf den Tisch zu legen und dann zu sagen, es dürfe sie aber keiner nehmen. Wenn man nicht will, dass sie genommen wird, sollte man sie lieber gleich in der Tasche behalten.

Durch Eurobonds wird die gemeinsame Haftung der Steuerzahler für die Schulden der maroden Länder rechtlich zementiert. Die Belastung der noch gesunden Länder der Eurozone wird damit in Stein gemeißelt, aber das wiederum wird aus Sicht der Politiker alternativlos sein, weil sich die Finanzanleger sonst nicht beruhigen lassen.

Spätestens wenn sich Frankreichs Wettbewerbskrise auf die Finanzmärkte ausweitet und der französische Staatspräsident die deutsche Regierung zu Hilfsmaßnahmen drängt, wird sich das Verlangen nach Eurobonds wieder verstärken.

Um Bundeskanzlerin Merkel einen Gefallen zu tun, wird man dann aber anbieten, den Eurobonds einen anderen Namen zu geben. Angela Merkel hatte ja erklärt, die Eurobonds würden nicht kommen, solange sie lebe. Die EU-Kommission hat sich schon den Namen »Project Bonds« für die neuen Schuldpapiere überlegt, um es ihr zu erlauben, das Gesicht zu wahren.

Was würde das für Europa bedeuten?

Das Europa, auf das wir hinsteuern – ja eigentlich schon das Europa, das wir haben –, ist ein anderes als das, was wir gewollt haben.

Wir haben ein zentralplanerisches System geschaffen, in dem das Kapital durch zwei Organisationen, die EZB und den ESM, und unter Bedingungen, die im politischen Prozess festgelegt werden, nach Südeuropa gelenkt wird. Wohlgemerkt: im politischen Prozess, nicht im Marktprozess. Es weht dann ein Hauch DDR durch die Eurozone; in der DDR hatte auch das Politbüro darüber zu entscheiden, welche Sektoren der Wirtschaft in welchem Umfang am »Produktionsfonds«, so nannte man das Kapital damals, zu beteiligen waren und welche »Produktionsfondsabgabe«, so nannte man den Zins, sie dafür zu zahlen hatten.

Was in der Eurozone derzeit geschieht, unterhöhlt die Grundregel der Marktwirtschaft, die darin besteht, dass hinter jedem Kapitaleinsatz auch ein Vermögen und ein Eigentümer steht, der fortwährend über die bestmögliche Strukturierung seines Vermögensportfolios nachdenkt und versucht, sein Geld in möglichst sichere und ertragreiche Investitionen zu lenken. Diese aus der Eigenverantwortung entstehende Sorgfalt ist das Lebenselixier der kapitalistischen Marktwirtschaft. Selbst Marx erkannte an, dass daraus eine enorme Leistungsfähigkeit dieser Wirtschaftsform resultiert. Mit dem, was wir in Europa derzeit machen – bis hin zu den Eurobonds –, opfern wir dieses Lebenselixier und ersetzen es durch Zentralplanungsbehörden.

Der englische Premier David Cameron beklagte in seiner Rede vom Januar 2013, in der er das Referendum über den Verbleib seines Landes in der EU ankündigte, die Rettungsmaßnahmen würden die EU wohl »beyond recognition«, also bis zur Unkenntlichkeit, verändern.

Hat er nicht Recht?

Ja, leider hat er Recht. Mit den Beschlüssen der Euroländer wird es immer mehr öffentlich gesicherte und gelenkte Kapitalflüsse in politisch gewünschte, aber ineffiziente Investitionsprojekte geben, die die Wachstumskräfte Europas weiter aushöhlen. Ganz nebenbei führen diese Beschlüsse auch zu einer Enteignung der deutschen Sparer, die keine vernünftigen Zinsen mehr für ihre Ersparnisse bekommen und sich dann wundern müssen, warum ihre Lebensversicherungen in Schwierigkeiten geraten. Das habe ich schon erläutert.

Aber das ist vielleicht gar nicht einmal die Hauptsache. Als viel problematischer für die Zukunft Europas könnte sich erweisen, dass sich der Rat der EZB, der ohne demokratische Kontrolle und in vollständiger Unabhängigkeit über erhebliche Teile des Vermögens der Europäer verfügen kann, in der Krise als der wahre Hegemon Europas etabliert hat. Bei ihm, nicht beim Europäischen Parlament, und schon gar nicht bei den nationalen Parlamenten, liegt das Machtzentrum der Eurozone. Der Rat der EZB wurde zu Aktionen ermächtigt – oder hat sich selbst dazu ermächtigt –, die weit über ein geldpolitisches Mandat hinausgehen und die reale Struktur Europas maßgeblich verändern werden. Nachdem der EZB-Rat mit seinen Krediten in Vorlage getreten war, blieb den Parlamenten Europas nichts anderes übrig, als die EZB mit Anschlusskrediten abzulösen. Und als sich diese Kredite nach Meinung der EZB als unzureichend erwiesen, kam sie mit ihrem unbegrenzten Rettungsversprechen daher, setzt die Steuerzahler ohne deren Billigung ins Risiko und wird die Parlamente zum Schluss bitten, Eurobonds einzuführen. Die Parlamente stehen stets vor fast alternativlosen Entscheidungen, weil der EZB-Rat schon alles vorweg festgelegt hat.

Meine einzige Hoffnung ist, dass das Verfassungsgericht – über deren Stellungnahme zum OMT-Programm der EZB wir vorhin sprachen – hart bleibt und dieser Entwicklung einen Riegel vorschiebt. Sein Urteil könnte die Dinge vielleicht noch wenden.

***

Und wenn nicht?

Wenn das nicht geschieht, werden wir uns rasant in Richtung eines Systems bewegen, das in Bezug auf die Kapitalverteilung zentralplanerische Züge trägt. Das können wir nicht wollen, denn so ein System ist nicht nur ineffizient, sondern es führt auch zu Unfrieden. Es bedroht unsere ökonomische Zukunft und unseren Frieden. Gegen eine solche Entwicklung müssen wir antreten. Mit der Kollektivierung der Schuldverhältnisse heben wir den Streit zwischen Gläubigern und Schuldnern von der privaten Ebene auf die Ebene der Staaten. Es ist die Stärke des marktwirtschaftlichen Systems, dass die Schuldner-Gläubiger-Verhältnisse auf der mikroökonomischen Ebene stattfinden und dass wir mit dem Zivilrecht ein Verfahren haben, diese Verhältnisse zu regeln und Streit zu schlichten. Etwas Vergleichbares gibt es auf zwischenstaatlicher Ebene nicht. Dort gibt es kein Gericht, das man angehen könnte, durch das man die Forderungen eintreiben und die Schuldner belangen könnte. Daher werden sich die staatlichen Gläubiger und Schuldner grenzenlos in der Öffentlichkeit miteinander streiten.

Das wird die Völker Europas gegeneinander aufbringen. Silvio Berlusconis Wahlkampf im Frühjahr 2013 basierte zu einem großen Teil auf einer öffentlich vorgetragenen Deutschenschelte – und gemessen an der anfangs kaum erwarteten Aufholjagd, die Berlusconi gelang, war er erfolgreich. Und in Griechenland kann sich kein deutscher Staatsmann sehen lassen, ohne dass ihm Hunderte Hakenkreuzfahnen entgegenschwingen. Als Angela Merkel Griechenland besuchte, musste die gesamte Innenstadt von Athen abgesperrt werden, um Krawalle zu verhindern. Das ist das direkte Ergebnis des »Friedensprojektes Euro«, denn der Euro brachte den Südländern den inflationären Boom, der sie ihrer Wettbewerbsfähigkeit beraubte und eine Massenarbeitslosigkeit erzeugte. Jetzt setzen wir noch einen drauf und führen die Sozialisierung der Schulden fort mit dem angeblichen Friedensprojekt »Eurorettung«. Es besteht die große Gefahr, dass wir in einem System enden, in dem wir zwar den Frieden wollen, im Endeffekt aber nur noch mehr wechselseitigen Argwohn und Hass heraufbeschwören.

Warum sind Sie da so sicher?

Die Sozialisierung von Schulden führt immer dazu, dass noch mehr Schulden gemacht werden, und die Folge ist nichts als Streit. Ich verweise auf die Erfahrungen der Amerikaner nach den Kriegen gegen die Engländer im 18. und 19. Jahrhundert. Da hat man die Kriegsschulden der einzelnen Bundesstaaten unter dem Mantel der Solidarität zunächst zu Bundesschulden gemacht. Der erste Finanzminister der Vereinigten Staaten, Alexander Hamilton, glaubte, die Schuldensozialisierung, die er 1791 betrieb, sei »Zement« für den neu gegründeten amerikanischen Staat. Und 1813, im zweiten Krieg gegen Großbritannien, wurden die Schulden abermals vergemeinschaftet. Das Ergebnis war, dass die Regierung eines jeden Bundesstaates dachte: »Wir machen einen Riesenfehler, wenn wir uns weniger verschulden als unsere Nachbarn.« Die Folge war eine gewaltige Ausweitung der öffentlichen Verschuldung. Man hat damals riesige Infrastrukturprojekte finanziert, öffentliche Bauten, Straßen und Kanäle, die nicht alle gebraucht wurden. Insbesondere die Kanäle erwiesen sich nachher aufgrund der Eisenbahnen als überflüssig. Das ging eine Weile gut, und man freute sich über den Bauboom und die allgemeine wirtschaftliche Entwicklung. Doch es bildete sich eine Kreditblase, die die Staaten und auch Privatleute in die Überschuldung trieb. Die Blase platzte in den Jahren 1837 bis 1842, und es kam zu einer großen Wirtschaftskrise, die fast zum Zusammenbruch der jungen USA geführt hätte. Im Endeffekt erklärten neun der 29 Staaten und Territorien der USA, die es 1842 gab, ihren Konkurs, und wenigstens vier weitere waren bankrott oder fast bankrott. Der Bundesstaat, der anfangs noch geholfen hatte, sah sich außerstande, die Lasten zu übernehmen, weil sie auch seine Fähigkeiten weit überstiegen. Nichts als Streit und Spannungen entstanden als Resultat der Schuldensozialisierung.

Die Spannungslage trug schließlich dazu bei, dass 20 Jahre später der Sezessionskrieg ausbrach. Damit will ich nicht sagen, dass die Schuldenkrise die Hauptursache war, aber sie verstärkte die Spannungen, die aus anderen Gründen eskalierten. Der Krieg hatte zwei Ursachen. Zum einen ging es um die Freiheitsrechte der Sklaven, wobei in Wahrheit auch hier materielle Interessen eine gewichtige Rolle spielten – wie es häufig der Fall ist, wenn die Sprache pathetisch wird. Die Nordstaaten brauchten Arbeitskräfte für ihre rasch wachsenden Industrien und wollten dafür die Sklaven als Lohnarbeiter gewinnen. Auch deswegen waren sie für die Freilassung. Die Südstaaten verlangten dafür eine Kompensation, die ihnen die Nordstaaten nicht gewähren wollten. Zum anderen riefen die Zölle, die man für den bundesstaatlichen Schuldendienst erheben musste, den Widerstand der Südstaaten hervor, die auf den Import von Industriewaren aus Europa angewiesen waren, während die Nordstaaten diese Zölle befürworteten, um ihre eigenen Industrien vor der Konkurrenz der Importwaren zu schützen. Man stritt sich endlos über diese Themen, und die Fronten verhärteten sich, bis schließlich 1861 der Bürgerkrieg ausbrach.

Wir sehen also, dass Maßnahmen, die der Befriedung und Stabilisierung des neuen amerikanischen Bundesstaates dienen sollten, in Wirklichkeit das genaue Gegenteil bewirkten. Wir sollten uns in Europa davor hüten, die Fehler der USA zu kopieren.

Aber die Amerikaner haben aus ihren Fehler gelernt ...

Ja, das haben sie. Sie beschlossen nach ihrem Bürgerkrieg, dass die Einzelstaaten keine eigenen Schulden mehr machen dürfen und dass Staaten, die es trotzdem tun und bankrott gehen, von anderen Staaten nicht gerettet werden. Daran hat man sich seitdem gehalten. Als die Stadt und damit auch der Staat New York Anfang der 1970er-Jahre am Rande des Konkurses stand, erklärte Präsident Gerald Ford, dass man nicht helfen werde. Man griff beiden dann anschließend zwar doch ein bisschen unter die Arme, doch nur in homöopathischen Dosen. New York konnte sich nur noch dadurch helfen, dass es einen Teil seiner zukünftigen Steuereinnahmen an seine Gläubiger verpfändete. Heute stehen Illinois und Kalifornien am Rande des Konkurses. Aber niemand käme in den USA auf die Idee, ein Programm zur kollektiven Rettung der Gläubiger dieser Einzelstaaten aufzulegen, und dies obwohl beide, anders als die europäischen Krisenländer, einem gemeinsamen Bundesstaat angehören.

Was machen die US-Amerikaner sonst noch anders als die Euroländer?

So ziemlich alles. Die Fed (*Federal Reserve System*), also die US-Notenbank, lenkt zwar die Politik von zwölf einzelnen regionalen Notenbanken, die eine ähnliche Rolle wie die nationalen Notenbanken in Europa spielen. Die regionalen Notenbanken des Fed-Systems sind allerdings, anders als bei uns in Europa, private Institutionen, die den Banken gehören und nicht unter dem Einfluss einzelner Bundesstaaten und ihrer Regierungen stehen. Schon das schließt aus, dass sich die Staaten im Übermaß verschulden, denn ihre Gläubiger können nicht davon ausgehen, dass sich die Staaten das Geld zur Schuldentilgung notfalls drucken können, und sie werden sich insofern auch nicht mit niedrigen Zinsen begnügen. Das ist einer der Gründe dafür, dass die amerikanischen Bundesstaaten kaum je Schuldenquoten von mehr als 20 Prozent der Wirtschaftsleistung haben, während einige Eurostaaten perspektivisch auf die 200 Prozent zugehen.

Im Amerika gibt es auch Schuldenkrisen bei den Einzelstaaten, so wie in den letzten Jahren in Kalifornien oder Illinois, aber sie finden bei Schuldenquoten statt, die bei einem Zehntel der europäischen liegen. Solche Krisen können die Staaten durch eigene Anstrengungen in der Regel in den Griff kriegen. In Europa indes sorgt die gegenseitige Schuldensolidarität dafür, dass die Krise erst stattfindet, wenn sie kaum noch lösbar ist und jedenfalls die Kraft der betroffenen Staaten übersteigt.

Ein anderer Unterschied ist, dass die US-Notenbanken das Geld nur zu einem kleinen Teil in Umlauf bringen, indem sie Refinanzierungskredite geben, sondern vor allem, indem sie Bundesanleihen und auch private Wertpapiere auf dem offenen Markt kaufen. Dabei achten sie darauf, dass sie ein breit gestreutes Portfolio an Wertpapieren erwerben, das keine Schlagseite zugunsten einzelner Regionen oder Staaten aufweist. Und wenn doch irgendwann einmal eine lokale Druckerpresse im Übermaß betätigt wurde, dann muss die betreffende Notenbank die anderen Notenbanken im April eines jeden Jahres durch die Übergabe von marktfähigen Wertpapieren entschädigen. Bis 1975 musste sie die Zahlung sogar in Gold oder goldbesicherten Wertpapieren leisten.

Diese Regelungen verhindern, dass die lokale Druckerpresse zur Sonderfinanzierung bedrängter Regionen, wenn nicht gar Staaten eingesetzt werden kann. Die regionale Fiskalpolitik, die die EZB in Europa in Überschreitung ihres Mandats betreibt, hat in den USA kein Analogon. Wenn eine Region Kredite von außen benötigt, muss sie sich diese Kredite am Markt besorgen und dafür die marktüblichen Konditionen anbieten. Sie kann sich diese Kredite nicht einfach aus der lokalen Druckerpresse ziehen, wie es in der Eurozone der Fall ist, und dann bei den anderen Notenbanken anschreiben lassen. Das amerikanische System hat auch seine Macken, aber es ist doch einigermaßen eingespielt. Daran sollten wir uns ein Beispiel nehmen. Wenn wir hingegen das Eurosystem nicht von Grund auf reformieren, dann drohen Europa Verhältnisse wie in der Anfangszeit der USA.

Nun will ich nicht sagen, dass Europa langfristig ein Sezessionskrieg bevorsteht, denn der hatte hauptsächlich andere Ursachen. Es schaudert mich aber, wenn ich an den Vergleich denke, den der langjährige Chef der Eurogruppe Jean-Claude Juncker jüngst angestellt hat. Er verglich das Jahr 2013 mit dem Jahr 1913 und verwies darauf, dass sich auch damals niemand vorstellen konnte, was ein Jahr später passieren würde. Nein, so weit sind wir wahrlich nicht, aber wir sollten aufpassen, dass wir nicht dorthin schliddern.

Wo stehen wir? Ist die Krise vorbei?

Dabei scheint sich die Krise gelegt zu haben ...

Viele Bürger scheinen zu denken, die Finanzkrise sei nun überstanden und alles werde wieder gut. Politik und Medien tun das

Ihrige, dass die Bürger in falscher Sicherheit gewiegt werden. Die meisten Menschen übersehen aber, dass die Märkte nur deshalb beruhigt wurden, weil sie als Steuerzahler und Rentner die Schulden der Südländer mit neuen Krediten ausgelöst haben und dafür später einmal die Zeche werden zahlen müssen. Wir leben nicht im Schlaraffenland. Alles ist knapp auf dieser Welt. Ressourcen, die der eine hat, kann der andere nicht gleichzeitig ebenfalls haben. Diese Knappheit und Rivalität im Ressourcenverbrauch muss durch die Knappheit des Geldes widergespiegelt werden. Bei der Rettungspolitik verletzen wir dieses Postulat und tun so, als würde das Geld auf den Bäumen wachsen. In Wahrheit nehmen wir es zukünftigen Generationen weg – der übliche bequeme Ausweg der Politik im Verteilungsstreit. Man hilft den Investoren, also den Banken und Versicherungen, den Pensionsfonds und den Investmentgesellschaften aus aller Welt, die über ihre Regierungen sehr viel politischen Druck entfalten, behauptet aber, man wolle den Menschen in den Krisenländern helfen. Gleichzeitig will man die deutschen Steuerzahler heute nicht belasten, denn das würde die Wiederwahlchancen reduzieren. Was also macht man? Man belastet ihre Kinder, indem man sich selbst verschuldet und den Krisenländern extrem langfristige und kaum verzinste Kredite gewährt, deren Wert mit der Inflation schneller verdampft als der Wert der Schulden, die man den Kindern überträgt, denn diese Schulden werden im Gegensatz zu den öffentlichen Krediten zu marktüblichen Konditionen aufgenommen.

Es gibt aber auch andere Meinungen. Ich sehe zwei Gruppen – je bestehend aus Wissenschaftlern und Politikern – , die um die Deutungshoheit ringen ...

Genauso ist es. Die erste Gruppe sagt: Der Zweck heiligt die Mittel, und der Zweck ist die Stabilisierung der Finanzmärkte. Zu dieser Gruppe gehören die EZB, die Südländer des Euro und Irland, auch eine Minderheit deutscher Ökonomen. Und die zweite Gruppe sagt: Wir haben einen Vertrag geschlossen, an dessen Grundprinzipien wir uns aus guten Gründen halten sollten. Für diese Gruppe ist die Stabilisierung der Finanzmärkte nicht das oberste Ziel. Vielmehr hat sie eher die langfristige Stabilisierung des Staatswesens im Auge, wenn sie ihre Forderung nach Selbstverantwortlichkeit der Anleger erhebt. Zu dieser zweiten Gruppe gehöre auch ich. Ich sehe also einen Streit zwischen jenen, die langfristig denken, und jenen, die die kurze Frist im Auge haben, sowie zwischen jenen, die im Verteilungsstreit zwischen Steuerzahlern und Anlegern auf verschiedenen Seiten stehen.

Der Kollaps des Finanzsystems wird uns von den Vertretern der ersten Gruppe, also den Unterstützern der EZB-Position, immer als das Schreckgespenst präsentiert, das es um jeden Preis zu verhindern gilt. Aber was würde dieser Kollaps denn eigentlich bedeuten? Er bedeutet, dass einige Banken untergehen werden. Manche Anleger werden Teile ihres Vermögens verlieren, aber die Welt geht ja nicht unter. Wir hatten seit dem Zweiten Weltkrieg knapp 190 Schuldenschnitte in 95 Ländern. Die Welt ist deswegen nicht untergegangen. Letztlich geht es darum: Wer wird gefährdet? Staatssysteme oder Bankensysteme? Und wer verliert sein Vermögen? Die normalen Bürger, also Rentner und Steuerzahler, oder die Finanzjongleure?

Es geht also um Verteilungsfragen …

Ja, das ist der Kern. Trifft es amerikanische Pensionsfonds, französische Banken, britische Hedgefonds, deutsche Lebensversicherer oder trifft es die Steuerzahler und Rentner der noch gesunden Länder Europas? Wenn man Vertreter eines Pensionsfonds, einer Versicherung, einer Bank oder eines Hedgefonds ist und wenn man für eine internationale Finanzzeitung schreibt, dann meint man natürlich, man müsse die Finanzmärkte unter allen Umständen beruhigen und stabilisieren. Aber ich bin Präsident des ifo Instituts und deutscher Hochschullehrer. Ich muss auch an das Wohl der deutschen Steuerzahler denken, denn das sind meine Geldgeber. Sie bezahlen mich dafür, dass ich als Volkswirt ihr Sachwalter bin. Als Beamter habe ich meinen Eid auf die deutsche Verfassung geschworen.

Das heißt keinesfalls, dass ich einen nationalen Standpunkt vertrete. Mir so zu begegnen, ist wirklich zu billig und zeugt davon, dass man seine eigenen Argumente für schwach hält. Deutschland ist eingebunden in die europäische Staatengemeinschaft und muss es auch bleiben. Über Jahrhunderte gab es Streit, Missgunst und Krieg. Das Heilige Römische Reich Deutscher Nation war stets von außen bedrängt und im Inneren von Kriegen zerrüttet. Der anschließend gebildete deutsche Nationalstaat hat nicht zur Stabilisierung der Lage beigetragen, sondern wurde zum Auslöser schrecklicher Katastrophen. Es gibt keine Alternative zur Friedenspolitik und zur Verstärkung der europäischen Integration, die durch die Gründung der EU erfolgreich fortgeführt wurde. Aber nun haben wir uns mit dem Euro verrannt und drohen das Erreichte zu verlieren, indem wir den Euro zum Spielball der Finanzinteressen machen. Wer den Euro in seiner jetzigen Form für unantastbar erklärt, dient, vielleicht ohne es zu wissen, partikularen Interessen und gefährdet das europäische Friedensprojekt.

Die internationalen Finanzanleger sind sehr viel besser organisiert, und sie verstehen die Entscheidungen der Politik auch besser als die normalen, steuerzahlenden Bürger. Die Bürger halten still, solange sie die zukünftigen Lasten, die ihnen aufgebürdet werden, noch nicht spüren. Die Finanzanleger sind es indes gewohnt, langfristig zu denken und zu rechnen. Sie verfolgen die Euro-Rettungsaktionen mit Argusaugen und intervenieren, wenn sie ihnen nicht großzügig genug vorkommen. Immer wieder wird die Keule des drohenden allgemeinen Untergangs hervorgeholt, wenn die Politik sich als zögerlich oder gar renitent erweist. »Wenn wir untergehen, geht ihr mit uns unter!«, lautet die Devise, mit der sie der Öffentlichkeit noch immer Schrecken haben einflößen und die Portemonnaies der Steuerzahler haben öffnen können. So kommt es, dass die Politik die Rettung der Anleger als alternativlos bezeichnet und die Interessen der steuerzahlenden Bürger systematisch vernachlässigt.

Es ist absurd, wenn selbst seriöse Medien in Deutschland – meist aus Unkenntnis um die relevanten Zusammenhänge – die Beruhigung der Kapitalmärkte beklatschen, die allein dadurch entstanden ist, dass die Steuerzahler – nämlich wir – die Rückzahlung der Kredite der Schuldenländer garantieren müssen, ohne dass sie oder ihre Parlamente jemals gefragt wurden, ob sie bereit sind, das zu tun.

Und nun?

Irgendwann werden die Bürger auch merken, dass ein Teil ihres Vermögens schon verloren ist, dass der Lebensstandard, den man sich mit seiner Ersparnis für das Alter sichern wollte, durch die von der Politik verursachten Vermögenseinbußen nicht mehr zu halten ist. Auch wenn man dann vielleicht immer noch nicht versteht, wie das alles gekommen ist, und wenn es auch zu spät ist, an dem Vermögensverlust noch etwas zu ändern, werden die Menschen mit der Ablehnung des Staates reagieren. Möglicherweise werden sie so aggressiv werden, dass das bisschen Verunsicherung der Finanzmärkte, um das nun so ein großes Aufheben gemacht wird, nichts dagegen ist. Die Politik versucht, den Bank Run und die Flucht aus den sogenannten toxischen Anlagen zu vermeiden, und dabei riskiert sie die Flucht der Bürger aus den traditionellen Parteien und Institutionen.

Wir sollten uns mehr Gedanken um die Stabilität Europas als um die Stabilisierung der Finanzmärkte machen. Es geht um die europäische Idee, die Fortsetzung der europäischen Integration, den Friedensprozess in Europa. Und hier sehe ich einen problematischen Trade-off: Man stabilisiert kurzfristig die Finanzmärkte und gefährdet damit alle diese wichtigen und fundamentalen langfristigen Ziele, die wir in und für Europa haben.

Privatisieren wir die Gewinne und vergemeinschaften wir die Verluste?

Ja, so lief es zuletzt immer. Die Staaten oder ihre Banken verschulden sich auf dem privaten Markt über beide Ohren, dann wandelt man die Schulden gegenüber den privaten Gläubigern in öffentliche Schulden bei der Staatengemeinschaft um, und wenn das geschehen ist, nutzt man seine Verhandlungsmacht, um die Zinsen für die öffentlichen Schulden gegen null zu drücken und die Laufzeiten bis ins Unendliche auszudehnen.

Oder denken Sie an die bereits diskutierten Garantien, die den Käufern von Staatsanleihen maroder Länder durch den ESM und die EZB geboten werden, indem diese Organisationen sich bereit erklärt haben, die Staatspapiere vor einem Staatskonkurs und einem entsprechenden Kursverfall zu kaufen und damit die Abschreibungslasten selbst zu übernehmen. Das sind riesige Lasten oder zumindest Risiken, die die Politik unseren Kindern aufbürdet, ohne dass dafür eine Versicherungsprämie gezahlt werden muss. All diese Garantien könnten die Schuldner oder ihre Gläubiger in Form von Avalkrediten oder CDS-Verträgen – die ich oben schon erklärt habe – auch selbst am Markt erwerben. Nur müssten sie dafür eine Versicherungsprämie von häufig mehreren Prozent der Kreditsumme pro Jahr zahlen. Natürlich zieht man es vor, sich von der Staatengemeinschaft versichern zu lassen, wenn man dafür gar nichts bezahlen muss.

Das alles geht zulasten künftiger Generationen. Die Politiker tun das unseren Kindern an, weil unsere Kinder noch nicht wählen können. Wie schön, dass es eine Gruppe von Bürgern gibt, die man nach Belieben belasten kann, ohne dass man um ihre Stimmen bei der nächsten Bundestagswahl fürchten muss.

Die Demokratie erlaubt die systematische Ausbeutung zukünftiger Generationen durch die jetzigen Wähler. Wollte man die Verzerrung vermeiden, müsste man zumindest dafür sorgen, dass Eltern für ihre noch unmündigen Kinder Stimmrechte erhalten. Dann gäbe es ganz andere Mehrheiten und die Politiker würden die Lasten ihrer Politik nicht mehr so bedenkenlos den zukünftigen Generationen zuschieben, wie sie es heute tun.

Ich befürchte, dass unsere Kinder uns einmal verdammen werden, wenn sie mit den Konsequenzen der heutigen Rettungspolitik konfrontiert sind. Sie werden fragen: »Wie konntet ihr das geschehen lassen? Habt ihr nicht gewusst, was passiert ist, hat euch niemand informiert? Wie konntet ihr glauben, dass das funktionieren kann?«

Worauf genau also müssen wir uns mittel- bis langfristig einstellen?

Wenn sich die Dinge in der gleichen Logik weiterentwickeln wie bislang, vermute ich, dass es in einigen Jahren größere soziale Verwerfungen in der deutschen Gesellschaft geben wird, die an den ökonomischen und politischen Grundfesten unseres Staates rütteln werden. Denn hier kommen zwei Probleme zusammen: die demografische Krise und die Schuldenkrise aufgrund der Euro-Rettungsaktionen. Sie verstärken sich gegenseitig wie Sonne und Mond bei einer Springflut, deren Wellen schon so manchen Deich zerstört haben.

Man muss sich vergegenwärtigen, dass Deutschland unter allen OECD-Ländern die kleinste Geburtenrate im Sinne der Zahl der Neugeborenen relativ zur Bevölkerung hat. Mit nur 8,1 Kindern pro 1000 Einwohner wurde Deutschland zum Schlusslicht unter allen entwickelten Ländern dieser Erde. Selbst das geburtenschwache Japan hat in Relation zur Bevölkerungsgröße mehr Neugeborene als wir.

Die Folgen werden dramatisch sein. Die Babyboomer, jetzt 50 Jahre alt, werden in etwa 15 Jahren in Rente gehen und dann von ihren Nachkommen Zahlungen für ihren Lebensunterhalt verlangen, soweit das angesichts des Defizits an Nachkommen überhaupt möglich ist. Die Belastung der wenigen Kinder, die es gibt, ist bereits immens. Sie werden unter ihrer Steuer- und Abgabenlast ächzen.

Dazu treten dann die Auswirkungen der europäischen Schuldenkrise ...

So ist es. Die vermeintlichen Ersparnisse der Deutschen werden sich teilweise in Luft auflösen. Zum einen werden die Rettungsaktionen der Staatengemeinschaft und der EZB die Staatsbudgets der noch gesunden Länder in hohem Maße belasten. Die Gewinnausschüttungen der Bundesbank werden versiegen und durch Steuern, die zulasten der Ersparnisse gehen, ersetzt werden – wenn nicht gar eine Rekapitalisierung der Bundesbank mit Steuergeldern nötig wird. Viel staatliches Geld wird in den Rettungsschirm ESM fließen und nie wieder zurückkommen.

Die Mehrheit, die die Schuldenländer im EZB-Rat besitzen, könnte trotz anderslautender Lippenbekenntnisse auch versuchen, ihre Schulden durch eine Inflation loszuwerden. Kurzum: Man könnte also versuchen, das zu machen, was die Banca d'Italia immer gemacht hat, um die Schuldenprobleme im Griff zu halten. Ob es der EZB freilich gelingen würde, eine Inflation zu erzeugen, selbst wenn sie das wollte, ist unklar, denn wenn die Zinsen schon fast gegen null gehen, sind die Möglichkeiten einer Notenbank begrenzt. Die japanische Notenbank versucht seit anderthalb Jahrzehnten vergeblich, durch eine Ausweitung der Geldmenge Inflation zu erzeugen. Insofern halte ich diese Gefahr letztlich nicht für sonderlich bedeutsam.

Viel wichtiger ist, dass ein Teil der Ersparnisse der Deutschen wegen der Rettungsmaßnahmen direkt im Risiko steht. Die Rettungskredite der fiskalischen Rettungsschirme werden möglicherweise nicht oder erst zum Sankt-Nimmerleins-Tag zurückgezahlt, ohne dass vorher nennenswerte Zinsen anfielen. Auf die Staatspapiere, die die EZB erworben hat und im Rahmen des OMT-Programms auch weiterhin bereit ist, nun sogar unbegrenzt, zu erwerben, könnten große Abschreibungslasten anfallen. Und vor allem stehen die schon erwähnten umfangreichen Target-Kredite der Bundesbank im Risiko.

Im Umfang der Target-Forderungen der Bundesbank sind Refinanzierungskredite aus der Druckerpresse von Deutschland in andere Euroländer verlagert worden. Dafür wurden die Forderungen der Bundesbank gegenüber den deutschen Banken in Forderungen gegenüber dem EZB-System umgetauscht, die derzeit nur mit 0,25 Prozent verzinst werden. Unsere Banken wiederum haben in diesem Umfang ihre Schulden gegenüber der Bundesbank reduziert, anstatt das Geld zu marktfähigen Zinsen im Ausland anzulegen. Ein öffentlicher Kapitalexport trat an die Stelle des privaten. Das hat die Banken und die Ersparnisse zwar in gewisser Weise gesichert, aber dafür tragen jetzt die Bundesbank und damit der hinter ihr stehende Steuerzahler das Risiko. Wenn die Banken Südeuropas, denen im Umfang der Target-Salden gegen immer schlechtere Sicherheiten Zusatzkredite aus der lokalen Druckerpresse gewährt wurden, nicht zurückzahlen, dann liegen die Verluste bei den Steuerzahlern des Eurosystems, anteilig auch bei den Deutschen. Wenn indes der Euro darüber zerbricht, dann liegen sie nicht mehr nur anteilig bei den deutschen Steuerzahlern, sondern vollständig.

Spätestens in 15 bis 20 Jahren wird es uns also hinten und vorne kneifen. Die Jüngeren werden sich ausgebeutet fühlen, weil sie die Rentenlasten nicht stemmen können, und die Älteren werden mit dem, was ihnen nach Abzug der Steuern zur Kompensation der Verluste aus den Rettungsaktionen übrig bleibt, nicht zufrieden sein. Der Verteilungsstreit innerhalb unseres Landes ist angesichts der demografischen Verwerfungen ohnehin vorprogrammiert. Die impliziten Staatsschulden aufgrund der Renten-, Kranken- und Pflegeversicherung werden auf mehrere Hundert Prozent des Sozialprodukts geschätzt. Hinzu kommen die offen ausgewiesenen Staatsschulden, die mit mehr als 80 Prozent weit über der nach dem Maastrichter Vertrag erlaubten Grenze liegen. Und die Abschreibungslasten auf die öffentlich gewährten Kredite, die fällig werdenden Garantien aus den Rettungsaktionen und die in den Rettungssystemen versteckten Staatsschulden erhöhen die bereits vorhandenen Lasten noch einmal dramatisch.

Teil II: Die Krise dauerhaft bewältigen – ein Sechs-Punkte-Programm

Es scheint, als hätten wir uns unentrinnbar in der Rettungsmaschinerie verheddert. Wie also kommen wir aus dieser Situation politisch und ökonomisch wieder heraus?

Es liegt in der schon eingangs diskutierten Logik des Handelns von Politikern begründet, dass diese in aller Regel nur das im Moment zur Abwendung einer unmittelbaren Katastrophe Nötige tun. Sie sind von den Stimmungen der Bevölkerung und der Medien abhängig, und sie zielen auf ihre Chancen bei der nächsten Wahl. Daher ist es auch verständlich, dass wir von Krise zu Krise stolpern und einen Rettungskredit nach dem anderen vergeben, um mit dem neuen Kredit die Rückzahlung des alten Kredits zu ermöglichen – immer im Bestreben, die Ruhe zu wahren und die Risiken in die Zeit nach dem Ende der Legislaturperiode zu verschieben.

Viele Politiker haben, wenn man sie zu energischem Handeln drängt, oft zwei Entschuldigungen parat. Die eine ist, dass es für bestimmte, an die Wurzeln der Krise herangehende Handlungen jetzt noch zu früh sei, weil die Wirtschaft dafür erst einmal gesunden müsse. Die andere lautet, dass es jetzt aus irgendwelchen Gründen zu spät für solche Handlungen sei. Man hätte die Maßnahmen früher ergreifen müssen, aber das sei von den Vorgängern versäumt worden. Jetzt müsse man mit den Versäumnissen leben. Der Zeitraum dazwischen – also jener zwischen »zu früh« und »zu spät« – existiert offensichtlich gar nicht. Und warum? Viele Politiker schauen, wie schon erläutert, ängstlich auf die nächste Wahl, und bis dahin wollen sie nichts riskieren – zumal sie sich mangels Fachkenntnissen oft gar nicht in der Lage sehen, Risiken angemessen einzuschätzen, und von daher auch nicht wissen, wie sie auf mögliche Gefahren reagieren sollten. Auch wenn die belastenden Auswirkungen einer sofortigen Handlung langfristig betrachtet viel kleiner sind als die einer späteren, verschieben sie die nötigen Politikmaßnahmen lieber, um ihre Wiederwahl nicht zu gefährden.

Es kommt erschwerend hinzu, dass sinnvolle Maßnahmen meistens nur langfristig wirken, kurzfristig aber Kosten und Nachteile und damit für den politischen Entscheidungsträger Popularitätsverluste mit sich bringen. Das bedeutet angesichts der Kürze der Wahlperioden, dass sich die Politik oft außerstande sieht, schmerzliche Reformen durchzuführen, und sie daher nur im Ausnahmefall in Angriff nimmt, wenn es gar nicht mehr anders zu gehen scheint. Und dann läuft sie Gefahr, vom Wähler abgestraft zu werden.

Gerhard Schröders Agenda 2010, mit der eine Periode der Lohnzurückhaltung eingeleitet wurde, ist solch ein Beispiel. Schröder selbst verlor angesichts der kurzfristigen Lasten der von ihm verantworteten Politik sein Amt, aber die Robustheit der deutschen Wirtschaft heute, gut zehn Jahre später, ist auch auf die Agenda 2010 zurückzuführen. Nur selten gibt es Politiker, die zu schwierigen chirurgischen Eingriffen bereit sind. Die meisten scheuen sich vor der Verantwortung oder ducken sich angesichts der Komplexität der ökonomischen Entscheidungssituation lieber weg und beten, dass sie ihre Legislaturperiode ohne Blessuren überleben.

Zwischenzeitlich wird in der Eurokrise die Abhängigkeit von den Schuldnern immer größer. Denn die Schuldenlast steigt weiter, und immer größere Teile des eigenen Vermögens sind gefährdet. Das Grundproblem ist, dass es heute auf der Welt viel zu viele Geldanlagen gibt, hinter denen Kredite an Personen, Firmen und Staaten stehen, die nicht zurückzahlen können. Es geht hier sicherlich, wenn man die überschuldeten Hausbesitzer der USA mit einbezieht, weltweit um Tausende von Milliarden Euro. Das alles ist ohnehin schon ein Problem, und zu diesem Problem treten jetzt immer mehr öffentliche Schulden der europäischen Krisenländer hinzu.

Wie die Politik agiert, ist beim letzten Griechenlandpaket vom Herbst 2012 wieder besonders deutlich geworden. Die Laufzeiten der intergouvernementalen Kredite werden einfach um 15 Jahre verlängert, und für die ersten zehn Jahre werden gar keine Zinsen verlangt. Bei anderen Krediten wiederum wurde der Zinssatz drastisch gesenkt. In der Summe bedeutet das, wie das ifo Institut ausgerechnet hat, eine Entlastung Griechenlands, die einem weiteren Schuldenschnitt von einigen Dutzend Milliarden Euro entspricht.

Zugunsten Irlands hat man im Februar 2013 ähnlich getrickst. Mit Billigung der EZB hatte die irische Regierung ihre Notenbank 2010 im Umfang von 40 Milliarden Euro neues Geld herstellen lassen, um damit die Gläubiger der bankrotten Anglo Irish Bank auszuzahlen. Die Bank bzw. die aus ihr gebildete Nachfolgeorganisation ließ man im Februar 2013 in Konkurs gehen, und zum Ausgleich erhielt die EZB niedrigverzinsliche Staatspapiere mit einer durchschnittlichen Laufzeit von 34 Jahren. Die EZB war durch diese Geschäfte von einer Institution zur bloßen Liquiditätsversorgung zu einer Einrichtung zur langfristigen Staatsfinanzierung geworden.

Was also ist zu tun?

Ich sagte schon: Wir sind gefangen im Euro. Nun müssen wir raus aus diesem Gefängnis. Dafür habe ich einige konkrete Vorschläge. Zum einen geht es um Forderungen, die jetzt sofort umgesetzt werden sollten, um den gordischen Knoten zu durchschlagen. Zum anderen geht es um Maßnahmen, die langfristig die richtigen Weichen für mehr Stabilität der Eurozone stellen, damit wir nicht noch einmal in eine solch brenzlige Lage geraten.

Meine Vorschläge gliedere ich in sechs Punkte. Bei den ersten dreien handelt es sich um Sofortmaßnahmen und bei den anderen dreien um die langfristig richtigen Maßnahmen.

TOP 1 Alles auf den Tisch: Schuldenkonferenz und Schuldenschnitt

Als Allererstes brauchen wir eine große Schuldenkonferenz, bei der alle Schulden der Krisenländer auf den Tisch gelegt werden und bei der die Gläubiger und Schuldner anschließend über einen Schuldenerlass bzw. Schuldenschnitt verhandeln.

Denn es macht keinen Sinn mehr, sich noch länger vorzumachen, dass die Schulden zurückgezahlt werden. Je länger man damit wartet, desto mehr Schuldenprogramme müssen aufgelegt werden, desto länger zieht sich das Siechtum hin und desto teurer wird die ganze Sache für die Steuerzahler. So hat der Bundesfinanzminister seine Landsleute im Januar 2014 bereits auf ein viertes Schuldenprogramm für Griechenland eingestimmt, nachdem es schon beim ersten Programm vom Mai 2010 und dann auch jeweils bei den anderen Programmen hieß, die Situation werde sich rasch beruhigen, und es sei kein weiteres Programm nötig. Das stimmte leider nicht. Griechenland hat heute mehr als doppelt so viel Arbeitslose wie damals, und auf ein Schuldenprogramm folgte das nächste. Es war und ist ein Fass ohne Boden.

Es ist verständlich, dass die allgemeine Bevölkerung schon gar nicht mehr hinhört und beginnt, die Probleme zu verdrängen, wenn wieder einmal Dutzende von Milliarden Euro an Rettungsgeldern über den Tisch geschoben werden. Die Griechen können demgegenüber nichts verdrängen, denn sie sind selbst von einer schrecklichen Massenarbeitslosigkeit betroffen, die sie wegen und nicht etwa trotz des Euro erleiden.

Die privaten Gläubiger und damit auch unsere Banken und Versicherungen, aber vor allem die französischen Banken und Anleger aus aller Welt müssen nun eben in den sauren Apfel beißen, die Realitäten zur Kenntnis nehmen und die Verluste offiziell anerkennen und in ihren Bilanzen verbuchen. Im Übrigen muss auch der deutsche Staat die Verluste aus der Griechenlandrettung verbuchen, statt den Griechen einzureden, sie stünden mit einer Laufzeitverlängerung bis zur Mitte des Jahrhunderts und einer Zinssenkung auf die Hälfte besser da. Solche Vorschläge dienen allein der Verschleierung der Abschreibungsverluste in den Bilanzen, auch jenen des Staates.

Abzuschreiben sind nicht nur Teile der Staatsschulden, sondern auch der Target-Schulden der nationalen Notenbanken und der Schulden der Banken, weil sonst das Geldwesen der Krisenländer nie mehr auf die Beine käme oder die Steuerzahler riesige Programme zur Rekapitalisierung der Banken finanzieren müssten.

Was davon ist am wichtigsten?

Am wichtigsten ist das Problem der Bankschulden. Wir müssen bei den bankrottreifen Banken Südeuropas einen Schuldenschnitt durchführen, mit dem endlich die Gläubiger in Haftung genommen werden. Je eher das geschieht, desto besser. Schuldenschnitte bedeuten zwar, dass man schmerzliche Abschreibungen in den Büchern vornehmen muss, aber sie lassen keine Verluste entstehen, die nicht schon längst da sind. Die Verluste werden nur ans Licht gebracht. Im Übrigen verlieren die Steuerzahler und Rentner Zeit und damit immer mehr Geld, je später der Schuldenschnitt durchgeführt wird, weil sich zwischenzeitlich immer mehr private Gläubiger aus dem Staub machen. Über die Rettungsaktionen wird den Steuerzahlern und Rentnern ja der wertlose Anlageschrott der Gläubiger und das damit verbundene Verlustrisiko aufgebürdet.

Die Staatengemeinschaft mit ihren Rettungskrediten gehört zu den Großgläubigern der Krisenländer. Und vor allem auch die EZB, die die Hauptlast der Rettungsaktivitäten geschultert hat, indem sie ihr selbst gemachtes Geld den Banken geliehen hat. Das habe ich schon erläutert. Indem die EZB den Banken der Krisenländer weit über das Normalniveau hinaus Geld geliehen hat und indem nun auch noch der ESM den Banken Geld leihen soll, werden die privaten Schuldverhältnisse sukzessive durch Schuldverhältnisse mit staatlichen Institutionen ersetzt. Außerdem werden die in Schieflage geratenen privaten Banken in immer stärkerem Umfang von den nationalen Staaten gestützt, wenn sie nicht gar verstaatlicht werden. Je später wir den Schuldenschnitt machen, desto kleiner ist deshalb der Anteil der Bankenschulden, der noch aus belastbaren privaten Ansprüchen gegen die Banken besteht, und desto teurer wird dieser Schnitt für die Allgemeinheit. Die Vernunft gebietet, den Schuldenschnitt so schnell wie möglich zu machen, wenn Banken in Schieflage gekommen sind, damit die privaten Gläubiger die Lasten nicht weiter der Allgemeinheit überlassen können. Die privaten Gläubiger haben eine bewusste Anlageentscheidung getroffen, und sie haben für die Risiken, die sie eingingen, hohe Zinsen kassiert. Die Schuldverschreibungen der Banken und auch die Sparkonten wurden in den südlichen Ländern viel besser verzinst als in Deutschland. Die Anleger oder Sparer, die diese Zinsen kassiert haben, sind Teil des Geschehens und müssen die Folgen des Risikos tragen, das sie bewusst eingegangen sind. Die Steuerzahler, Rentner und Transferempfänger sind es zunächst einmal nicht.

Wer wäre bei uns von einem Schuldenschnitt betroffen?

Man sollte sich keinen Illusionen hingeben. Zu den Gläubigern der Banken und Staaten gehören auch die deutschen Banken und Versicherungen, denen wir unser Geld anvertraut haben. Ein früher Schuldenschnitt belastet viele deutsche Bürger ebenfalls. Dennoch ist er ratsam, und zwar aus drei Gründen:

- Erstens trifft der Schuldenschnitt viele Anleger aus der ganzen Welt, die bei einer Fortsetzung der derzeitigen Politik von den Steuerzahlern mitgerettet würden.

- Zweitens sind Steuerzahler, Rentner, Sozialhilfeempfänger und Vermögensbesitzer nicht dieselben Menschen. Die Verantwortung zwischen ihnen sollte man nicht verwischen, selbst wenn sie alle aus einem Land stammen würden. Es ist ungerecht und der sozialen Kohärenz unseres Landes nicht zuträglich, dass die Kluft zwischen Arm und Reich nun auch noch dadurch zunimmt, dass die Rentner, Sozialhilfeempfänger und Steuerzahler die Abschreibungsverluste aus missglückten Geldanlagen in Südeuropa ausgleichen sollen.

- Und drittens wäre ein sofortiger Schuldenschnitt mit einem Austritt einiger Länder aus der Eurozone und einer grundlegenden, radikalen Neuausrichtung des europäischen Integrationsprozesses zu verbinden, der verhindert, dass die Lasten immer größer werden, weil die unsolide Wirtschaftsweise, die für die ganze Misere verantwortlich war, fortgesetzt wird.

Warum müssen die Target-Schulden verringert werden?

Weil sie die Resultate der Staatsschulden und der Bankenschulden sind. Die Target-Kredite messen ja öffentliche Kredite aus der Druckerpresse, die an die Banken der Krisenländer über die eigene Liquiditätsversorgung der Länder hinaus gegeben wurden. Das Geld wurde an Privatleute verliehen, die damit ihre Auslandsrechnungen bezahlten, und auch an die Staaten, die damit z. B. die Löhne der Staatsbediensteten bezahlten, die selbst wiederum Waren im Ausland erwarben. Wenn man den Banken und Staaten einen Teil ihrer Schulden erlässt, so muss man meines Erachtens auch die Target-Schulden der nationalen Notenbanken gegenüber dem EZB-System teilweise erlassen, um auf diese Weise das Zentralbankensystem wieder in Ordnung zu bringen. Schön wäre es, man könnte das vermeiden, aber die Fehler, die gemacht wurden, sind gemacht. Man muss sie jetzt abhaken und nach vorn schauen.

Und was ist mit dem europäischen Fiskalpakt, der ja oft als Alternative zum Schuldenschnitt dargestellt wird?

Die schwarz-gelbe Bundesregierung glaubte im Jahr 2012, die Dinge mit dem damals geschlossenen europäischen Fiskalpakt in den Griff zu kriegen. Da täuschte sie sich. Der Fiskalpakt ist nur eine deklaratorische Schuldenbremse, aber keine Gegenleistung, wie man es den Bürgern nahelegte. Mit dem Fiskalpakt sagt Bundeskanzlerin Merkel ihrem Schuldner sinngemäß: »Wir geben dir die goldene Kreditkarte, aber als Gegenleistung verlangen wir von dir, dass du sie nicht häufig benutzt.« Das ist eine Farce.

Niemand außer den Deutschen nimmt diesen Pakt ernst. Er ist nichts als eine Beruhigungspille für die deutsche Öffentlichkeit, ohne wirkliche materielle Bedeutung. Wie gering der europäische Fiskalpakt geachtet wird, sieht man daran, dass die EU-Kommission auf Drängen Frankreichs im Frühjahr 2013, als die Tinte unter dem Vertragstext kaum getrocknet war, eine Lockerung der Defizitziele des Paktes verfügte. Wenn man will, dass andere Länder aufhören, über ihre Verhältnisse zu leben, dann muss man ihnen einfach nur weniger öffentlichen Kredit geben und sie an den Kapitalmarkt verweisen. Das Geld auf den Tisch zu legen und dann zu verlangen, dass es nicht genommen wird, ergibt überhaupt keinen Sinn.

Stattdessen also der schnelle Schuldenschnitt, der private Gläubiger bzw. Finanzanleger in die Pflicht nimmt ...

... und auch die anderen Staaten und Notenbanken, soweit sie zu Gläubigern geworden sind. Die Schuldner haben das Geld verbraucht. Und manche können nicht zurückzahlen. Man lügt sich in die Tasche, wenn man unterstellt, durch immer wieder neue Anschlusskredite, Rettungssysteme und Garantieversprechen würden die Verluste kleiner. Sie werden vielmehr immer größer. Je später der Schnitt stattfindet, desto lauter wird der Knall, weil sich die europäischen Länder im Streit über die vielen Schulden ineinander verbeißen. Viele der heutigen Politiker werden dann nicht mehr im Amt sein, aber man wird sie verfluchen.

Also lieber jetzt ein Schnitt bei den heillos überschuldeten Ländern, wohl wissend, dass dieser auch deutsche Gläubiger trifft, nicht zuletzt den deutschen Staat. Angela Merkel sollte den öffentlichen Kredithahn allmählich und behutsam, aber mit fester Hand zudrehen, die Krisenländer bitten, sich das nötige Geld auf dem privaten Kapitalmarkt zu suchen, und zwar ohne öffentlichen Versicherungsschutz, und die Verluste abhaken. Wenn es wirklich keine neuen Kredite mehr gibt, wird das eine oder andere südliche Euroland aus dem Euro austreten, um die Wettbewerbsfähigkeit durch eine Währungsabwertung wiederherzustellen und vom öffentlichen Kredit unabhängig zu werden.

TOP 2 Das kleinere Übel: Schneller Austritt überschuldeter Länder aus der Eurozone

Inwiefern ist dieser Austritt wirklich unerlässlich?

In manchen Fällen lautet die Antwort leider Ja, und damit bin ich bei meinem zweiten Punkt. Die Ursache dafür sind aber nicht die Staatsschulden, sondern die Auslandsschulden, seien sie nun öffentlich oder privat verursacht. Denn diese Schulden haben es den Ländern erlaubt, ihre Preise und Löhne über das Wettbewerbsniveau hinaus zu erhöhen, und sie dadurch von Auslandskrediten abhängig gemacht. Nur wegen der Möglichkeit, den Bauarbeitern, Staatsbediensteten und all den anderen Beschäftigten kreditfinanzierte Löhne zu zahlen, die durch die Produktivität nicht mehr gedeckt waren, stiegen die Preise und ging die Wettbewerbsfähigkeit verloren.

Wettbewerbsfähigkeit verlangt nicht zwingend eine hohe Produktivität, schon gar nicht eine Stärke im verarbeitenden Gewerbe, wie manchmal gemutmaßt wird. Das Land mit der niedrigsten Produktivität dieser Erde kann wettbewerbsfähig sein, wenn seine Löhne der Produktivität entsprechen. Es geht immer um das Verhältnis aus Löhnen und Produktivität, denn daraus entstehen die Preise. Stimmt das Verhältnis nicht mehr, dann sind die Preise zu hoch, und die Wettbewerbsfähigkeit ist verloren.

Theoretisch kann man die Inflation, die im und durch den Euro in Südeuropa entstanden ist und die die Wettbewerbsfähigkeit vernichtet hat, nun auch wieder im Euro rückgängig machen. Nur ist das sehr schwierig.

Sie spielen auf die Gewerkschaften an?

Ja. Denn ein solches Vorgehen würde eine rigorose Sparpolitik verlangen, die das Wirtschaftsleben erst einmal erlahmen und eine Massenarbeitslosigkeit entstehen lässt, die groß genug ist, die Gewerkschaften zu Lohnsenkungen und anschließend die Unternehmen zu Preissenkungen zu veranlassen. Aber bei diesem Prozess entstehen so hohe Kosten für die Gesellschaft, dass der theoretisch mögliche Weg praktisch kaum verfügbar ist. Es widerspricht dem Selbstverständnis der Gewerkschaften, sich darauf einzulassen. Sie würden sich gegen die Lohnsenkungen sträuben, solange es geht, und lieber Arbeitslosigkeit in Kauf nehmen. Erst wenn die Arbeitslosigkeit hinreichend groß wäre und die Gewerkschaften ihre Macht verloren hätten, weil die Arbeitslosen ihre Arbeitskraft untertariflich anböten oder in die Selbstständigkeit gingen, würden die Preise fallen und die Wirtschaft allmählich wieder in Schwung kommen. Das wäre ein langer, mühsamer Prozess, der ein Jahrzehnt und mehr dauern würde, wenn er sich denn überhaupt realisieren ließe. Selbst nur eine verminderte Inflation zu erreichen und die Wettbewerbsfähigkeit dadurch zu stärken, dass man die Preise der anderen Euroländer enteilen lässt, ist schwierig und stellt die Gesellschaft vor eine Zerreißprobe.

Das war ja schon die Agenda 2010 für uns Deutsche ...

Richtig. In der Zeit vor der Agenda 2010 lief Deutschland das Kapital weg, es wurde zu wenig im Inland investiert, die Arbeitslosigkeit stieg, und Deutschland trug in Europa die rote Laterne beim Wachstum. Diese Konstellation war die Grundbedingung, die es den Tarifpartnern ermöglichte, Lohnzurückhaltung zu üben, sodass in den Folgejahren das deutsche Lohnwachstum gegenüber dem Ausland zurückblieb und auch die Preise langsamer wuchsen als dort. So konnte die Wettbewerbsfähigkeit der deutschen Arbeitnehmer, der Unternehmen und ihrer Produkte allmählich wieder steigen, und infolgedessen ging die Arbeitslosigkeit Jahr um Jahr zurück. Dieser Prozess war zwar erfolgreich, aber alles andere als ein Zuckerschlecken. Er wurde dadurch erleichtert, dass es Deutschland im Euroraum mit Ländern zu tun hatte, die die Inflation gewöhnt waren. Deutschland brauchte also nur weniger als die anderen zu inflationieren, um wettbewerbsfähig zu werden. Die Südländer heute stehen zwar in einer ähnlichen Situation, aber sie haben es mit Deutschland zu tun, dessen Wirtschaft sich nicht leicht in die Inflation treiben lässt. Sie müssen großenteils tatsächlich mit ihren Preisen runtergehen, und das ist ungleich schwieriger, als nur langsamer zu inflationieren.

Die Agenda 2010 von Gerhard Schröder hat die deutsche Lohnzurückhaltung sicherlich nicht allein in Gang gesetzt. Vieles wäre durch die Massenarbeitslosigkeit wohl so oder so passiert. Die Agenda hat den Prozess aber erheblich erleichtert, indem sie gut zwei Millionen

Deutschen, davon knapp die Hälfte in Ostdeutschland, die Arbeitslosenhilfe nahm und sie auf die Sozialhilfe heruntersetzte, die heute Arbeitslosengeld II oder Hartz IV heißt, und diese Sozialhilfe dann mit einem Lohnzuschuss verband. Da weniger staatliches Geld für das Wegbleiben und mehr für das Mitmachen gezahlt wurde, sank der Mindestlohn, zu dem Geringqualifizierte zu arbeiten bereit waren. Das wiederum veranlasste die Unternehmen, mehr Leute einzustellen, ja viele Unternehmen im Dienstleistungsbereich wurden überhaupt erst dadurch ermöglicht. Es entstand ein Niedriglohnsektor mit sehr vielen Stellen für Geringqualifizierte, und die gesamte Lohnskala wurde nach unten hin ausgespreizt. Die Reformen waren zwar letztlich sehr erfolgreich, wie man an dem heute florierenden Arbeitsmarkt sieht, aber dennoch waren sie in den ersten Jahren eine Zerreißprobe für die Gesellschaft, auch wenn es in Deutschland nie zu einer Deflation kam. Um wie viel größer ist die Belastung einer Gesellschaft, wenn die Preise tatsächlich fallen müssen!

Der Preisverfall ist insbesondere deshalb problematisch, weil Haushalte und Firmen mit hohen Bankschulden und hohen Belastungen aus dem Schuldendienst bei einer allgemeinen Senkung der nominalen Einkommen in ernsthafte Schwierigkeiten geraten, wenn sie nicht gar in Konkurs gehen. Der Preisverfall ist auch bezüglich langfristiger Mietverträge problematisch. Wenn fast alle Preise fallen und auch das eigene Einkommen sinkt, die Miete aber konstant bleibt, bereitet das dem Mieter erhebliche Probleme.

Also besser der Austritt der Krisenländer und die Abwertung außerhalb der Eurozone …

Ja, für die Länder, deren Preise sehr weit vom Wettbewerbsgleichgewicht entfernt sind, wäre das besser. Eine offene Abwertung verbessert die Wettbewerbsfähigkeit genauso wie eine verdeckte Abwertung durch Preissenkungen. Der große Vorteil des Austritts und der damit verbundenen offenen Abwertung ist aber, dass die mit Inländern bestehenden Miet- und Schuldkontrakte dann automatisch mit abgewertet werden. Denn Austritt bedeutet, dass alle Lohnkontrakte, alle Preisschilder, alle Mieten und alle Eurobeträge, die man in Kreditkontrakten mit inländischen Banken und anderen Gläubigern findet, auf die heimische Währung umgestellt werden. Konkret würde man im Falle Griechenlands einfach nur das Euro-Zeichen durch das Drachme-Zeichen ersetzen und den Wert der Drachme im Außenverhältnis durch die Märkte festlegen lassen. Den Mietern und Schuldnern kann es dann egal sein, wie weit die Drachme abwertet. Ihre Schulden *und* ihr Einkommen werden schließlich gleichermaßen abgewertet.

Dürfte Griechenland dann auch seine Außenschulden in Drachme umwandeln?

Das ist die Frage. Nach der Lex Monetae, einer ungeschriebenen Regel, die immer wieder praktiziert wurde, darf es das. Insofern ergibt sich automatisch ein Schuldenschnitt zum Nachteil ausländischer Gläubiger. Im Falle Griechenlands ist der Sachverhalt aber etwas komplizierter, weil die Kontrakte über griechische Staatsschulden nach dem großen Schuldenschnitt vom Frühjahr 2012 in britisches Recht überführt wurden, was die Anwendung der Lex Monetae ausschließt. Für Griechenland bleibt die Situation bei den Außenschulden insofern brenzlig. Aber sie ist nicht brenzliger, als wenn das Land eine innere Abwertung durch die Senkung aller Preise und Löhne durchleben müsste. Auch dann stiege die relative Last des Schuldendienstes für Außenschulden. Das Problem der äußeren Verschuldung ist also kein Aspekt, der zu einer unterschiedlichen Bewertung der inneren und äußeren Abwertung führen könnte. Im Übrigen muss es in Griechenland so oder so zu einem weiteren Schuldenschnitt kommen. Er trifft die privaten Gläubiger des griechischen Staates im In- und Ausland und leider auch die öffentlichen Gläubiger, die im Zuge der Rettungspolitik bereits einen Teil der privaten Gläubiger ersetzt haben. Er hätte die öffentlichen Gläubiger kaum getroffen, hätte man das griechische Problem schon im Frühjahr 2010 einer solchen Lösung zugeführt, und er wird sie noch stärker treffen, wenn man noch länger wartet.

Auf jeden Fall verbessert die Abwertung die Wettbewerbsfähigkeit eines Landes. Die Produkte des betreffenden Landes werden dann gegenüber ausländischen Produkten billiger, was bedeutet, dass die Nachfrage nach ihnen steigt. Das betrifft sowohl die Auslandsnachfrage, also den Export, als auch die inländische Nachfrage. Auch die Inländer werden mehr inländische Waren kaufen, weil die Importwaren relativ immer teurer werden. Griechenland beispielsweise ist ein Nettoimporteur von Agrarprodukten, obwohl man doch gerade in diesem Bereich Spezialisierungsvorteile vermuten sollte. Nach einer Abwertung werden die griechischen Käufer wieder inländische Agrarprodukte kaufen, die Bauern bearbeiten ihre Felder wieder und stellen dafür neue Leute ein. Außerdem kommt der Export touristischer Dienstleistungen wieder in Schwung, weil die vor allem in die Türkei ausgewichenen Touristen wieder zurückkommen. Insgesamt entsteht auf diese Weise ein rascher Wirtschaftsaufschwung, der der Bevölkerung wieder Hoffnung für die Zukunft gibt. Zu einem späteren Zeitpunkt, wenn die neue Währung abgewertet und ihr Gleichgewicht gefunden hat, kann das ausgetretene Land dem Eurosystem auch wieder beitreten. Die Rückkehroption sollte man unbedingt eröffnen.

Wie kann man sich einen solchen Austritt praktisch vorstellen? Die Bewohner des betroffenen Landes würden vor dem Umtausch der Banknoten vermutlich versuchen, so viel Euro-Barvermögen beiseitezuschaffen wie möglich ...

Das ist in der Tat eine erhebliche technische Schwierigkeit. Zwar kann man die Konten sowie die Miet-, Lohn- und Kreditkontrakte über Nacht mit einem Federstrich in eine neue Währung umstellen, doch die umlaufenden Banknoten umzutauschen ist ein anderes Unterfangen. Das geht schon deshalb nicht in der kurzen Frist, weil der Druck der neuen Banknoten vorbereitet werden muss, was kaum geheim gehalten werden kann und daher die Gefahr eines Bank Runs und einer Kapitalflucht mit sich bringt: Die Leute räumen ihre Konten und versuchen ihr Geld ins Ausland zu bringen. Der Regierung bleibt dann nichts anderes übrig, als Kapitalverkehrskontrollen einzuführen und die Abhebung des Geldes von den Konten zu kontingentieren. Es wird aber auch nicht klappen, das Bargeld einzusammeln und in die neue Währung umzutauschen, denn solange der Euro im Rest der Eurozone als Währung benutzt wird, wird jeder seine Bestände verstecken.

Wie kann man dieses Problem vermeiden?

Dafür gibt es nur zwei Möglichkeiten. Die eine besteht darin, die Euro-Banknoten in allen Euroländern außer dem Austrittsland abzustempeln, und dann die nicht gestempelten Banknoten zu entwerten. Das wird die Bürger des austretenden Landes veranlassen, ihre Bestände zum Umtausch unter der Matratze hervorzuholen. Aber das verlangt aufwendige Grenzkontrollen, bis die Frist für das Abstempeln der Geldbeträge verstrichen ist, und außerdem ist damit eine erhebliche organisatorische Belastung aller Euroländer verbunden.

Eine andere, viel einfachere Möglichkeit ist, den Bürgern des austretenden Eurolandes die weitere Benutzung der bereits in ihrem Besitz befindlichen Euro-Banknoten zu erlauben und die neuen Banknoten erst irgendwann später, nach der Währungsumstellung zu drucken. Die Währung ist dann zwar umgestellt, und alle Löhne und Preise werden in der neuen Währung ausgedrückt, die dann sehr schnell abwerten wird. Doch bar bezahlen kann man dann immer noch mit Euro-Banknoten, so wie man heute in ganz Osteuropa und der Türkei mit Euros bezahlen kann. Wenn dann die neue Währung gedruckt ist und in Umlauf kommt, wird ein erheblicher Teil der Euro-Banknoten für den Kauf von Gütern allmählich in das verbleibende Eurogebiet diffundieren. Die Euro-Banknoten nehmen insofern den Charakter eines Geschenkes an. Zum Ausgleich für das Geschenk an die Bürger muss der Staat eine Verbindlichkeit gegenüber dem Eurosystem akzeptieren. Man kann diese Schuld dem Staat aber auch erlassen, wie man ohnehin weitere Hilfen für ihn wird organisieren müssen. Angesichts der schon geflossenen Hilfen sind das *Peanuts*, um die Sprache der Banker zu benutzen, denn der Banknotenumlauf liegt je nach Land bei etwa 10 bis 20 Prozent des Bruttoinlandprodukts. Griechenland zum Beispiel hat aber schon 160 Prozent des Bruttosozialprodukts an öffentlichen Hilfen erhalten.

Diese zweite Möglichkeit bietet sich an, wenn nur ein einzelnes Land austritt und sich nicht eine größere Ländergruppe abspaltet. Sie hat den großen Vorteil, dass sich die Währungsumstellung übers Wochenende realisieren lässt und insofern der Bank Run vermieden werden kann.

Ich verkenne nicht, dass es vielleicht schwer sein wird, die Umstellung geheim zu halten. Wenn sie vorzeitig bekannt wird, muss man sofort den Zugang zu den Bankkonten einschränken und notfalls die Banken geschlossen halten, wie es in Zypern der Fall war. Außerdem muss man den Kapitalverkehr mit dem Ausland kontrollieren. Man sollte sich dann beeilen und die wirkliche Währungsumstellung vorziehen. Ist sie erst einmal erfolgt, kann man die Kontrollen sofort wieder aufheben, denn da der Wert der Währung sofort fällt, haben die Vermögensbesitzer keine Möglichkeiten mehr, dem Vermögensverlust in Euro gerechnet auszuweichen. Die reichen Leute, die ihr Vermögen derzeit in der Schweiz und sonst wo geparkt haben, werden ganz im Gegenteil wieder nach Hause zurückkommen, um bei den Immobilien auf Schnäppchenjagd zu gehen. Es gäbe einen Bauboom, der zum allgemeinen Aufschwung beitragen würde.

Welche Länder wären für Sie die Austrittskandidaten?

Den Austritt erwägen sollten Länder, die unter dem Euro viel zu teuer geworden sind, um ihre Wettbewerbsfähigkeit auf absehbare Zeit erreichen zu können. Griechenland war vor der Abwertung der türkischen Lira um die Hälfte teurer als die Türkei. Um das auszugleichen und wettbewerbsfähig zu werden, müsste es um 33 Prozent abwerten. Die Wirtschaftsstruktur von Griechenland ist der der Türkei ziemlich ähnlich. Beide Länder bedienen als Nachbarn die gleichen Märkte. Gleiches Wasser, gleiche Tempel, gleiches Essen: Da kann man nicht um die Hälfte teurer sein. Auch Portugal ist viel zu teuer. Das Land müsste auch in dieser Größenordnung abwerten, um auf das türkische Niveau vor der Lira-Abwertung zu kommen. In Zypern wird es ganz ähnlich sein, nur verfügen wir da über keine verlässlichen Statistiken.

Die Zahlen für Griechenland und Portugal werden durch eine Studie der volkswirtschaftlichen Abteilung von Goldman Sachs bestätigt, die sich eines modellgestützten Rechenansatzes bedient, bei dem es aber nicht um die Wettbewerbsfähigkeit im engeren Sinne, sondern um die Tragfähigkeit der Auslandsschulden geht. Im Basisszenarium, das dort gerechnet wurde, müssten Griechenland, Portugal und sogar Spanien ihre Preise um etwa 30 Prozent gegenüber dem Durchschnitt der Eurozone senken, um die Schuldentragfähigkeit wieder zu erreichen. Aber das ist ohne Austritt aus dem Euro schwierig, wenn nicht unmöglich, weil die schwachen Gesellschafts- und Wirtschaftssysteme dieser Länder dabei im Übermaß belastet, wenn nicht an den Rand eines Bürgerkriegs getrieben werden. Bei Spanien wäre ich allerdings aus mehreren Gründen nicht gar so pessimistisch wie Goldman Sachs.

Theoretisch kann man die Preis- und Lohnsenkungen natürlich zwischen den gesellschaftlichen Gruppen vereinbaren. Estland und Lettland haben innerhalb kürzester Zeit zweistellige Lohn- und Preissenkungen geschafft. Aber das sind zwei kleine und gesellschaftlich flexible Länder, in denen man alle Betroffenen an einem Tisch versammeln kann. In komplexen und meist auch starren Gesellschaften wie Spanien und Griechenland ist das so gar nicht möglich. Die Gewerkschaften, die sich dadurch definieren, dass sie Lohnerhöhungen erkämpfen, würden einer solchen Politik nicht zustimmen, sondern sie bis aufs Messer bekämpfen. Auch das oben erwähnte Problem, dass Preis- und Lohnsenkungen die Schuldenlast der Haushalte und Firmen unerträglich machen, trat im Falle Estlands und Lettlands noch nicht auf, weil diese beiden Länder gerade dem Kommunismus entkommen waren und sich noch keine umfangreichen privaten Schuldverhältnisse entwickelt hatten. Hinzu kam, dass den baltischen Ländern aufgrund geschichtlicher Erfahrungen bewusst war, dass sie sich selbst helfen mussten und nicht zu sehr auf äußere Hilfen vertrauen durften, wenn sie nicht wieder in Abhängigkeit von ihrem großen Nachbarn Russland geraten wollten. Lettland war auch noch nicht Mitglied der Eurozone und hätte bei einer Abwertung ein wesentliches Beitrittskriterium verletzt. Übrigens wurden in beiden Ländern die bisherigen Regierungsparteien nach der inneren Abwertung wiedergewählt und konnten ihren Stimmenanteil in den Wahlen sogar ausbauen.

Was ist mit Irland? Ein Vorbild?

Irland ist in der Tat ein gutes Beispiel für beherzte Anpassungen an die neue Wettbewerbssituation. Dort fielen die Güterpreise in Relation zum Durchschnitt der Eurozone von 2006 bis heute um etwa 15 Prozent, was durch dramatische Lohnsenkungen im zweistelligen Bereich beim Staat und in der Privatwirtschaft induziert wurde. Hervorgerufen wurde diese Reaktion durch eine Massenarbeitslosigkeit, die die Arbeitnehmer dazu zwang, sich bei der Suche nach Arbeit gegenseitig zu unterbieten. Das verlangte zwar scheinbar hohe individuelle Opfer, doch im Endeffekt waren die Opfer viel kleiner als in anderen Ländern, die sich an ihre Löhne klammern. Wenn nämlich alle Löhne fallen, dann fallen auch alle Preise, und der Realeinkommensverlust ist viel kleiner, als wenn nur der eigene Lohn fällt, während alle anderen Einkommen gleich bleiben. In Irland ging es sehr schnell wieder aufwärts. Heute scheint das Gröbste überstanden zu sein. Irland ist das einzige Krisenland, in dem die Arbeitslosigkeit deutlich gefallen ist und das eindeutig wieder auf einem Wachstumspfad ist. Die Erfolgsgeschichte erinnert an den Erfolg der deutschen Lohnzurückhaltung, die durch die Agenda 2010 induziert wurde. Auch Deutschlands Arbeitslosigkeit schrumpfte dramatisch.

Doch das irische Beispiel lässt sich aus drei Gründen nicht auf die südlichen Krisenländer übertragen.

- Erstens hat Irland im Gegensatz zu diesen Ländern einen sehr flexiblen Arbeitsmarkt mit geringem Kündigungsschutz und schwachen Gewerkschaften. Irland hat sich ja immer wieder zum US-amerikanischen Modell des Arbeitsmarktes bekannt und lehnt das europäische Modell ab. Die notwendigen Lohn- und Preissenkungen ließen sich deshalb sehr rasch realisieren.

- Zweitens ist der Weg bis zur Wiederherstellung der preislichen Wettbewerbsfähigkeit für Griechenland und Portugal mindestens doppelt so weit, wie er es für Irland war. Beide Länder hatten vor der Krise ein zwei- bis dreimal so hohes Leistungsbilanzdefizit wie Irland.

- Drittens kam Irland, wie schon erwähnt, früher als die anderen Länder, nämlich schon 2006, in die Krise und konnte damals nicht auf die Unterstützung der EZB oder der Staatengemeinschaft hoffen. Man wusste in Irland, dass man sich selbst helfen musste, und deshalb ergab sich schnell ein gesellschaftlicher Konsens, dass es ohne Lohnsenkungen nicht gehen würde.

Im Gegensatz zu Irland kamen die anderen Krisenländer erst gemeinsam nach der Lehman-Pleite vom Herbst 2008 in die Krise. Da sie alle das gleiche Problem hatten, konnten sie genug politische Macht entfalten, um den irischen Austeritätskurs durch kollektive Rettungsaktionen zu vermeiden. Mit deren Hilfe wurden öffentliche Kredite an die Stelle der privaten Kredite gesetzt, die der Kapitalmarkt nicht mehr zu moderaten Zinsen zur Verfügung zu stellen bereit war. Diese öffentlichen Kredite kamen zunächst vor allem vom EZB-System und später aus den Rettungsfonds. Man druckte sich das Geld, das man sich nicht mehr leihen konnte, und vermied dadurch die Lohnanpassungen. Der Widerstand gegenüber einer Austeritätspolitik nach irischem Muster ist riesengroß, weil man über bequemere Alternativen verfügt.

In diesen Ländern hat es zudem während der Krise bislang nur geringe Senkungen der relativen Preise gegeben. Griechenland hat die Preise gegenüber seinen Wettbewerbern vom dritten Vierteljahr 2007 bis zum dritten Vierteljahr 2013 um 2 Prozent gesenkt, Spanien um 5 Prozent, Portugal um 2 Prozent und Italien gar nicht. Die italienischen Preise stiegen sogar noch etwas schneller als die ihrer Wettbewerber im Euroraum. Man entfernte sich also weiter vom Zustand der Wettbewerbsfähigkeit, statt sich ihm anzunähern.

Aber die Leistungsbilanzdefizite der Südländer haben sich zurückgebildet?

Das ist lediglich aufgrund eines Einkommenseffektes auf die Importe der Fall: Die Depression der Wirtschaft hat die Einkommen gesenkt, und dadurch fielen die Importe geradezu dramatisch. Wer arbeitslos ist und kein Geld mehr verdient, der kauft sich auch keinen koreanischen Flachbildfernseher. Die Exporte zogen nach der Krise von 2009 wieder an, aber sie haben inzwischen bestenfalls den Vorkrisentrend erreicht; meistens liegen sie sogar weit darunter. Das ist verwunderlich, denn der Tourismus hat angezogen, weil die Leute sich wegen der arabischen Revolutionen nicht mehr nach Nordafrika trauen. Die Industrieproduktion ist nur in Irland auf dem Vorkrisenniveau. In Italien sah es 2010 so aus, als käme es zu einer Besserung, doch seit 2011 ging die Reise wieder bergab. Italien steht heute dort, wo es auch 2009, nach der schärfsten Rezession der Nachkriegszeit, stand. In Portugal sieht es etwas besser aus, wenngleich das Land sich deutlich schlechter als der Durchschnitt der alten Industrieländer entwickelte. In Spanien und Griechenland ist die Produktion nochmals deutlich unter das Niveau gefallen, das 2009 nach dem dramatischen Absturz erreicht wurde. Die reinste Katastrophe. Insofern findet sich also von einer strukturellen Verbesserung der Wettbewerbssituation in den Hauptkrisenländern kaum eine Spur. Ich weiß nicht, woher manche Beobachter ihren Optimismus ziehen.

Vielleicht aus den fallenden Lohnstückkosten?

Die Lohnstückkosten fallen, weil die Arbeitsplätze mit hohen Lohnstückkosten in der Krise als Erste wegbrechen. Das senkt natürlich den Durchschnitt des Restes, der dann noch übrig bleibt. Davon hat eine Wirtschaft aber leider gar nichts. Lohnstückkosten sind eine der Determinanten der Preise, aber eben nur eine unter vielen. Wenn sie bei gleichem Beschäftigungsstand fallen, können die Preise fallen, und das erhöht die Wettbewerbsfähigkeit der Produkte. Letztlich kommt es auf die Preise an, und die sind eben kaum gefallen, weil der gemessene Rückgang der Lohnstückkosten vor allem durch die Zunahme der Arbeitslosigkeit erklärt wird. Die auf diese Weise fallenden Lohnstückkosten der Krisenländer begründen keinen besonderen Optimismus. Auf jeden Fall handelt es sich bei der Verbesserung der Leistungsbilanzsalden nicht um Anzeichen für eine Verbesserung der Wettbewerbssituation, sondern lediglich um ein Krisenphänomen.

Die nötige strukturelle Verbesserung der Leistungsbilanzsalden kann nur durch die Änderung der relativen Preise im Vergleich zu den Wettbewerbern stattfinden, aber die stößt eben auf die genannten Widerstände.

Nach Lage der Dinge ist im Euroverbund nur eine andere Möglichkeit denkbar, die Krisenländer im Euroraum von Dauertransfers aus dem Ausland unabhängig zu machen. Sie besteht darin, dass sich die Kernländer des Eurogebiets, allen voran Deutschland, in die Inflation begeben. Gelänge es, die deutschen Preise zehn Jahre lang um 5,5 Prozent pro Jahr, insgesamt also um 71 Prozent zu steigern, während die griechischen, spanischen und portugiesischen Preise konstant bleiben, dann wären diese drei Länder wieder wettbewerbsfähig. Vielen europäischen Ökonomen schwebt eine solche Lösung vor.

Das würden die inflationsaversen Deutschen kaum mitmachen ...

So ist es. Diese Rechnung ist ohne den Wirt gemacht, denn die deutsche Bevölkerung würde das nicht akzeptieren, ganz abgesehen davon, dass die EZB dann ihr Mandat, das ja einzig und allein in der Herstellung von Preisstabilität besteht, in grober Weise verletzen würde. Immerhin würden die durchschnittlichen Preise der Eurozone bei dem dargestellten Szenarium ohne Deflation im Süden, aber mit einer deutschen Inflation um 71 Prozent, um insgesamt 43 Prozent oder für zehn Jahre jährlich um 3,6 Prozent pro Jahr steigen. 42 Prozent des Realwertes nominal gesicherter deutscher Vermögenstitel würden vernichtet.

Außerdem ist es nicht klar, ob die EZB überhaupt eine Inflation erzeugen könnte, wenn sie es versuchen würde. Da die Zinsen heute mit nur 0,25 Prozent schon am Anschlag sind – kleiner als null können sie schwerlich werden –, kann man so viel Geld in die Wirtschaft pumpen, wie man will, und doch kommt sie nicht vom Fleck. Ob man nun die Inflation als Chance sieht oder als Gefahr, es sieht vorläufig nicht danach aus, dass man sie kriegt. Die Risiken für die deutschen Sparer und Steuerzahler liegen nicht in der Inflation, ich wiederhole es, sondern in dem einfachen Umstand, dass die Schuldner in Südeuropa nicht bzw. nur dann zurückzahlen werden, wenn sie das dafür nötige Geld zuvor geschenkt bekommen.

Man kann die Meinung vertreten, da Deutschland sein Geld sowieso nicht zurückbekommt, sei es besser, den Vermögensverlust durch Inflation zu akzeptieren, als ein Chaos in Südeuropa zu provozieren. Dieses Argument ist aber nicht tragfähig, weil die Inflation nicht nur die Schuldner in Südeuropa entlastet, sondern alle Schuldner, während alle Sparer belastet werden. Es entstehen also Verluste auch bei Anlegern, die sich gar nicht an gefährliche Kapitalanlagen in Südeuropa herangewagt haben. Insofern wäre ein offener Schuldenschnitt zugunsten der Schuldner in Südeuropa einer Lösung durch Inflation vorzuziehen. Mit ihm würden speziell nur jene Ansprüche abgeschrieben, die ohnehin nicht realisierbar sind.

Wie man es auch dreht und wendet, und auch wenn man die Zahlen von Goldman Sachs noch durch andere Rechnungen modifiziert: Die nötige Anpassung der relativen Preise im Euroraum wird ein äußerst schwieriges Unterfangen, das im Norden wie im Süden viele Toleranzgrenzen überschreiten und wachsenden Unmut über den Verbleib im Euroraum auslösen wird. Die wachsende Rettungsmüdigkeit der nördlichen Euroländer und die wachsende Austeritätsmüdigkeit der südlichen Euroländer befinden sich auf Kollisionskurs.

Wir täten deshalb alle gut daran, den temporären Austritt einzelner Länder nicht mehr länger zum Weltuntergang zu stilisieren, sondern einen geordneten Weg dorthin zu beschreiben, der der Bevölkerung im Süden wieder Hoffnung gibt und der Bevölkerung im Norden den Schrecken der Inflation erspart.

Die jüngsten Entwicklungen in Island bestätigen die Vorzüge einer Radikalkur. Dort hat man die Banken pleitegehen lassen und den Gläubigern Schuldenschnitte zugemutet. Außerdem hat die Währung um die Hälfte gegenüber dem Dollar abgewertet. Durch diese Maßnahmen ist es nach dem Staatskonkurs gelungen, den Turnaround in etwa zwei Jahren zu schaffen. Während die südlichen Länder des Euroraums einer langen Periode wirtschaftlicher Schrumpfung entgegensehen, wächst die isländische Wirtschaft wieder mit vergleichsweise hohen Raten. Ein schneller mutiger, aber sehr schmerzhafter Schnitt zur Beseitigung der Krankheitsursachen ist eben besser als ein langes Siechtum ohne Hoffnung auf Genesung, das man nur mit Medikamenten begleitet, die allein die Symptome der Krankheit lindern.

Sollte der betroffene Staat selbst über seinen Austritt entscheiden?

Im Falle Griechenlands etwa wäre es offenkundig besser für die Bevölkerung. Denn nur der Austritt und damit die Abwertung seiner Währung würde den einfachen Arbeitnehmern und der Jugend, die heute zu über 50 Prozent arbeitslos ist, eine Perspektive bieten. Ich hatte schon erwähnt, dass Griechenland heute eine Arbeitslosigkeit hat, die doppelt so hoch ist wie zum Mai 2010, als man den Austritt erwogen hatte und die Bundesregierung kurz davor stand, ihn hinzunehmen, statt den Maastrichter Vertrag zu brechen.

Griechenland muss das aber selbst entscheiden, denn das Europa, in dem wir leben und das wir wollen, ist demokratisch organisiert.

Schon um den Eindruck zu vermeiden, dass jemand ausgestoßen wird, sollte dem betroffenen Land im Übrigen die Rückkehroption eröffnet werden. Wenn diese Option mit Reformauflagen verbunden ist, wird sie die reformunwilligen, radikalen Kräfte, die einen grundlegenden Kurswechsel in eine antidemokratische und sozialistische Richtung anstreben, im Zaum halten.

Ich halte es nicht für richtig, dass die Entscheidung, temporär auszutreten, durch immer neue Rettungsgelder hinausgezögert wird. Wenn ein Land permanent am Tropf anderer Länder hängt, stellt es sich natürlich nicht die Frage, ob es austreten sollte. Aber es geht nicht an, dass sich einzelne Länder dauerhaft von anderen ernähren lassen. Dafür reicht die Kraft der anderen nicht aus, und ein Land, das Dauertransfers erhält, leidet permanent unter einer »Holländischen Krankheit«, einem Siechtum der Exportindustrie aufgrund der künstlich durch die Rettungsgelder hochgehaltenen Löhne. Holland hatte in den 1960er-Jahren Gas gefunden. Mit den Einnahmen aus dem Gasverkauf konnten großzügige Lohnsteigerungen finanziert werden, die aber machten die Exportindustrie anschließend kaputt. Was für Holland die Gaseinnahmen waren, ist für die Krisenländer der Geldtransfer. Ein Glück übrigens für Holland, dass das Gas irgendwann wieder zur Neige ging, sodass dieser Effekt allmählich an Bedeutung verlor. Auch der italienische Mezzogiorno, also Süditalien, wurde nun schon länger als ein halbes Jahrhundert vom Rest Italiens finanziert und kommt deswegen nie vom Fleck.

Gut, Griechenland könnten die anderen Euroländer vielleicht noch verkraften. Aber was passiert, wenn das Verhalten ansteckt und Portugal, Spanien und im Endeffekt Italien ebenso behandelt werden wollen? Angesichts des Umstands, dass 40 Prozent der Bevölkerung der Eurozone in Krisenländern leben, wäre die Belastung für die anderen 60 Prozent entschieden zu hoch. Man bedenke nur, welche Lasten die deutsche Wiedervereinigung für nachfolgende Generationen hat entstehen lassen, obwohl dabei 80 Prozent der deutschen Bevölkerung nur 20 Prozent unterstützen mussten. Bei gleichen Pro-Kopf-Transfers wären die Lasten bei einer Wiederholung der innerdeutschen Hilfspolitik auf europäischer Ebene für jeden Bürger der noch gesunden Staaten Europas über zweieinhalb Mal so groß. Das ist unvorstellbar, zumal ja die Lasten der deutschen Wiedervereinigung noch lange nicht verschwunden sind. Noch immer fließen Jahr um Jahr netto etwa 65 Milliarden Euro über öffentliche Kassen von West- nach Ostdeutschland.

Im Übrigen muss es erlaubt sein, darauf hinzuweisen, dass ein Transfer von West- nach Ostdeutschland als Folge der Wiedervereinigung der deutschen Nation politisch und moralisch eine andere Qualität hat als ein Transfer von Deutschland nach Griechenland, denn Deutschland und Griechenland haben sich nicht zu einem gemeinsamen Staat zusammengeschlossen. Sie haben nur vereinbart, beim internationalen Warenaustausch die gleiche Verrechnungseinheit zu wählen, den Euro.

Man sollte auch nicht vergessen, dass einige Länder, die sich an den Kreditfluss von außen gewöhnt haben und nun öffentliche Rettungsmechanismen zu ihren Gunsten in Gang setzen wollen, deutlich wohlhabender sind als viele der Helferländer. So hat zum Beispiel Italien, das im Jahr 2012 fast schon ultimativ Eurobonds verlangte, ein wesentlich höheres Vermögen pro Kopf als Deutschland, und Irland verfügt über ein deutlich höheres Bruttoinlandsprodukt pro Kopf, damit also über eine höhere Steuerbasis. Mit welchem Recht kann man Esten und Slowenen, die die Rettungsschirme mitfinanzieren, bitten, die viel reicheren Griechen zu unterstützen? Mir scheint, die Maschinerie zur Vergemeinschaftung der Schuldenlasten, die in Europa in Gang gesetzt worden ist, dient mehr der Umverteilung von Regeltreuen zu Regelbrechern als von Reichen zu Armen. Wobei das nun nicht heißt, dass man den europäischen Nachbarn nicht helfen sollte, wenn sie in Bedrängnis sind.

Wie steht es mit einer Kombination aus Schuldenschnitt und temporärem Austritt aus der Eurozone?

Der langjährige Chefvolkswirt der EZB, Otmar Issing, hat mit Vehemenz den Standpunkt vertreten, dass Eurozonenaustritte und Schuldenschnitte Hand in Hand gehen sollten. Er argumentiert, dass die nicht mehr tragbaren Schulden in der Regel aus einem fundamentalen Verlust an Wettbewerbsfähigkeit resultieren, der aus den vorhin schon dargestellten Gründen nur durch Austritte und Abwertungen behoben werden kann – in Kombination mit einem vorherigen Schuldenschnitt.

Das ist ein beachtenswerter Standpunkt. In der Tat zeigt ja der Schuldenschnitt, dass ein Land nicht wettbewerbsfähig war. Aber es kommt auf den Einzelfall an. Wenn man davon ausgehen kann, dass ein Land bei einer Rückkehr zur Vollbeschäftigung und nach dem Schuldenschnitt eine positive Leistungsbilanz hätte, dann muss es den Euro nicht aufgeben. Wenn das aber nicht der Fall ist und eine große Abwertung nötig ist, die sich im Euroraum nicht herstellen lässt, dann führt an einem Austritt kein Weg vorbei. Ländern, die derzeit nicht aus der Eurozone austreten wollen, würde ich aber mindestens eine vertragliche Vereinbarung abverlangen, dass sie unverzüglich austreten, wenn sie weitere Mittel der Staatengemeinschaft verlangen oder in Anspruch nehmen, seien es fiskalische Rettungskredite der Fonds, Staatspapierkäufe durch die Notenbanken oder auch Kredite aus der elektronischen Druckerpresse, die durch die erwähnten Target-Salden gemessen werden. Das ist nötig, damit sich eine Misere wie bei Griechenland nicht immer und immer wieder von Neuem wiederholen kann.

TOP 3 Eigenleistungen der Euro-Krisenländer: Pfänder und Vermögensabgaben

Was könnten, was sollten die Krisenländer selbst tun?

Meine dritte Forderung richtet sich direkt an die Krisenländer, denn sie können in der Tat einiges tun, um das Vertrauen der Kapitalmärkte zurückzugewinnen. Neben der realen Abwertung, die ich schon erwähnt habe, haben sie durchaus die Möglichkeiten, mit ihren Kreditgebern handelseinig zu werden.

Wenn die Krisenstaaten Sorgen haben, dass ihre Zinsen zu hoch sind, sie sich aber, wie sie immer wieder beteuern, sicher sind, dass sie alles zurückzahlen werden, warum bieten sie ihren Gläubigern dann nicht attraktive Pfänder an? Das kostet sie doch nichts, denn da sie sich sicher sind, dass sie alles zurückzahlen werden, bedeutet das keinerlei Risiko. Mit den Pfändern brauchen sie sich keine Sorgen um die Zinsen zu machen. Die Kapitalanleger werden bereit sein, ihnen jeden Kredit, den sie brauchen, zu niedrigen Zinsen zu geben. Ich hatte schon darauf hingewiesen, dass die Stadt New York 1975 einem Konkurs entkam, weil sie ihren Gläubigern zukünftige Steuereinnahmen verpfändet hatte.

Auch Finnland hat sich 1995 auf ähnliche Weise gerettet. Das Land geriet nach dem Fall des Eisernen Vorhangs in eine Transformationskrise, da sein Hauptkunde, die Sowjetunion, zusammengebrochen war. Also mussten sich die Finnen erst einmal verschulden, um über die Runden zu kommen. Dabei wurden Pfandbriefe staatlicher Wohnungsbaugesellschaften eingesetzt, die mit staatlichem Immobilienvermögen besichert waren. Daran sollte sich Griechenland ein Beispiel nehmen. Der griechische Staat verfügt über ein riesiges Immobilienvermögen, und neuerdings hat man sogar Gas und Öl in der Ägäis gefunden. Außerdem hat Griechenland viele Privatinseln, auf denen sich die Multimillionäre und Milliardäre ein schönes Leben machen. Möglichkeiten, niedrigverzinsliche Pfandbriefe auszugeben, die mit griechischen Vermögensobjekten besichert sind, gäbe es also genug.

Und wenn man keine Pfänder hergeben will, kann man auch an Vermögensabgaben durch die reichen Bürger der Krisenländer denken, die die Bundesbank ins Spiel gebracht hat. Wenn ein Staat mithilfe solcher Abgaben seine Schulden senkt, kann er den Kapitalanlegern glaubhaft machen, dass er es ernst meint mit dem Schuldendienst, und seine Zinsen senken, ohne dass er dafür die Steuerzahler anderer Länder zur Kasse bitten muss.

Ich sage dies, obwohl ich für einen Schuldenschnitt zugunsten Griechenlands plädiere. Daneben aber müssen wir alle weiteren Anstrengungen unternehmen, das Schuldenproblem zu lösen. Die deutschen Sparer und Steuerzahler werden auch Federn lassen müssen. Aber man kann – man darf – die reichen bürgerlichen Schichten der Krisenländer nicht ausschließen – mehr noch: sie müssen mit an erster Stelle ihren Beitrag leisten.

Im internationalen Vergleich betrachtet sind die Deutschen relativ arm, weil sie sich bei der Altersvorsorge auf die Rentenversicherung verlassen, die aber gar kein Kapital hat, denn sie ist ja nicht nach dem Kapitaldeckungsverfahren, sondern nach dem Umlageverfahren finanziert, d. h., die derzeit arbeitenden Generationen finanzieren den Ruheständler. Die EZB selbst hat festgestellt, dass mittlere deutsche Haushalte nur die Hälfte dessen besitzen, was griechischen gehört, und weniger als ein Drittel von dem, was man in Italien oder Spanien ermittelt hat. Deutsche kriegen stattdessen Renten von ihren Kindern, so überhaupt noch Kinder da sind, aber das ist kein Vermögen, weil – wie eben erläutert – netto keines gebildet wird. Die Schulden der Kinder sind genauso groß wie die Ansprüche der Eltern.

Es widerspricht jeglicher Vorstellung von Gerechtigkeit, wenn man die Lösung der Schuldenkrise ohne substanzielle Vermögensabgaben in den Krisenländern erreichen möchte, wo der Immobilienbesitz erheblich ist und in bürgerlichen Kreisen Vermögenswerte gehortet werden, die man sich hierzulande kaum vorstellen kann.

TOP 4 Die Neuordnung des EZB-Systems: Damit keine neuen Kreditblasen entstehen

Was ist mit der EZB?

Eine EZB-Reform hier ist besonders wichtig. Mein vierter Vorschlag, nein, meine vierte Forderung bezieht sich auf das EZB-System, das ich hier ja schon scharf kritisiert habe: Nach der Überwindung der jetzigen Krise durch Schuldenschnitte und Austritte müssen die Spielregeln des gesamten Eurosystems grundlegend neu geordnet werden. Länder, die in den Genuss von Schuldenschnitten kommen, müssen sich verpflichten, diese Neuordnung mitzutragen.

Im Einzelnen bestehen meine Reformforderungen bezüglich des EZB-Systems aus drei Punkten: Stimmregeln ändern, keine versteckte Staatsfinanzierung betreiben und den Zugang zur nationalen Druckerpresse erschweren. Lassen Sie uns das im Einzelnen durchsprechen.

Zum ersten Punkt: Ganz besonders wichtig ist es, die Stimmrechte im EZB-Rat nach der Ländergröße zu verteilen. Es geht nicht an, dass der Rat der EZB über riesige Kreditprogramme entscheidet und insofern über das Steuergeld der soliden Länder verfügt, doch nach dem Prinzip »ein Land, eine Stimme« besetzt wird. Vielmehr müssen die Stimmen der Länder nach ihrer Einwohnerzahl, ihrem BIP oder ihrer Haftung gewichtet werden. Da die Haftung dem EZB-Kapitalanteil unter den Euroländern folgt, der selbst der Mittelwert aus BIP- und Bevölkerungsanteil ist, sollte man den Kapitalanteil auch als Basis für den Anteil der Stimmrechte nehmen. So sind Aktiengesellschaften organisiert und auch internationale Organisationen wie zum Beispiel der Internationale Währungsfonds.

Sodann sind die Abstimmungsregeln zu ändern. Zum Beispiel sollten die schon erwähnten ELA-Kredite einer Mehrheitsentscheidung unterworfen werden. Dass man nur ein Drittel der Stimmen für sie verlangt hat, während die Krisenländer zusammen schon mehr als dieses Drittel hatten, eröffnete den Weg für die Selbstbedienung mit der Druckerpresse, die wir in solch riesigem Umfang während dieser Krise beobachten konnten. Stabil kann der Euro nur sein, wenn sich die Länder in einer Währung verschulden müssen, die sie nicht selbst drucken können, und nicht, wenn der Schuldnerklub die volle und uneingeschränkte Gewalt über die Druckerpresse hat.

Maßnahmen mit fiskalischen Implikationen, so insbesondere die Herabsetzung der Mindestqualitätsanforderungen für die Pfänder der Refinanzierungskredite, sollten eine qualifizierte Mehrheit von zwei Drittel der Kapitalanteile im EZB-Rat benötigen.

Die führenden deutschen Vertreter im EZB-System sind, wie bereits ausgeführt, kritisch gegenüber der Euro- bzw. EZB-Rettungspolitik eingestellt. Jürgen Stark und Axel Weber traten ja bekanntlich gerade wegen dieser Politik zurück. Aber was nützt das schon. Auch die

Proteste des aktuellen Bundesbankpräsidenten Jens Weidmann, der Axel Weber nachfolgte, verhallen unbeachtet im Walde. Weidmann schreibt Briefe an EZB-Präsident Mario Draghi, in denen er vor den Folgen der neuen Politik warnt, und er stimmt immer wieder von Neuem im EZB-Rat dagegen, doch er erntet nur ein Achselzucken. Gegen die gebündelte Macht der Vertreter der Schuldenländer ist er chancenlos – zumal er offensichtlich von der deutschen Bundesregierung nicht unterstützt wird. Ein Glück, dass ihm nun das deutsche Verfassungsgericht wenigstens bei einer Teilfrage zu Hilfe gekommen ist.

Ganz abgesehen von den ökonomischen und juristischen Aspekten des Geschehens ist allein schon die Isolierung der Bundesbank im EZB-Rat ein unglaublicher Vorgang. Der zurückgetretene EZB-Chefvolkswirt Jürgen Stark erklärte dazu einmal im *Handelsblatt*, die Zentralbanken der Eurozone hätten ihre Unabhängigkeit verloren, ihr Mandat überschritten und sich infolge politischen Drucks auf Abwege begeben.

Auch diejenigen, die die volle Tragweite der Kritik dieser Fachleute vielleicht nicht verstehen, müssen die Kritik als solche zur Kenntnis nehmen. Die Bundesregierung und auch die Bundestagsabgeordneten wären gut beraten, die Rücktritte und Proteste ernst zu nehmen, die Strategien der EZB und anderer europäischer Akteure öffentlich infrage zu stellen sowie eine Debatte über deren langfristige Konsequenzen und eine Weiterentwicklung des missratenen Maastrichter Vertrages anzustreben.

Was hätte man also tun sollen?

Man hätte die Finanzkrise durch Schuldenschnitte und Austritte zu beherrschen versuchen sollen, anstatt immer neue Rettungsschirme für die Finanzinvestoren aufzuspannen. Dann hätten sich die Länder selbst angestrengt, von den hohen Zinsen, die sie am Kapitalmarkt zahlen müssen, herunterzukommen und ihre Arbeitsmärkte zu reformieren. Dass Länder auf hohe Zinsen reagieren, hat man ganz deutlich in Italien im Sommer 2011 gesehen. Da gingen die Zinsen ein bisschen hoch, und schon bemühte sich der damalige italienische Ministerpräsident Berlusconi um Sparprogramme. Die EZB intervenierte daraufhin und kaufte unter bestimmten Auflagen italienische Papiere. Die Spreads – also die Zinsspannen zwischen den italienischen und deutschen Staatspapieren – sanken in der Folge, was Italien Luft verschaffte. Berlusconi verkündete daraufhin umgehend, er habe das mit den Sparprogrammen gar nicht so ernst gemeint, und legte sie ad acta. Daraufhin gingen die Spreads wieder nach oben, der Kredit für Italien wurde wieder teurer, und Berlusconi musste zurücktreten. Mario Monti trat an seine Stelle und brachte mutige Reformen auf den Weg. Bis dann die EZB mit ihrer »Dicken Bertha« intervenierte – also mit der ganz großen Geldflut in Form von längerfristigen Refinanzierungskrediten für die Banken –, um die Märkte zu beruhigen und die Spreads für die Staatsanleihen wieder zu drücken. Sofort leisteten die Gewerkschaften Widerstand gegen Montis Pläne und blockierten die Arbeitsmarktreformen. Die italienischen Wahlen haben dann gezeigt, dass nur 10 Prozent der Wähler voll hinter Montis Politik standen. Die weitaus überwiegende Zahl hat für Parteien gestimmt, die Montis Austeritätspolitik ablehnten. Am italienischen Beispiel konnten es alle sehen, die es sehen wollten: Öffentlichkeitswirksame Selbstverpflichtungen und Versprechungen einzelner Politiker nützen rein gar nichts.

Was also nützt?

Das Einzige, was die Länder und die für sie handelnden Politiker diszipliniert, sind die internationalisierten Märkte, denn sie lassen ihnen keinen Ausweg. Da haben sie niemanden, den sie anrufen können, um ihn zu beschwichtigen. Nur das schafft im Inneren den notwendigen Druck, der Reformen ermöglicht.

Uns sind in Europa durch die falsche Politik von EZB und Euroländern bereits riesige Wachstumsverluste entstanden, weil wertvolles Sparkapital in unsinnigen Bauprojekten in Südeuropa verbrannte. Diesen Fehler haben wir zehn Jahre gemacht – wie lange soll öffentliches Kapital als neuer Brennstoff gen Südeuropa geleitet werden? Den Kapitalverbrennungsprozess in Südeuropa kann man an den leer stehenden spanischen Trabantenstädten mit bloßem Auge sehen. Da wurde mit Kapital, das in Nordeuropa hätte sinnvoll investiert werden können, die Landschaft verschandelt. Uns fehlt es an Infrastruktur. Gehen Sie mal ins Ruhrgebiet. Was Sie da sehen, ist erschreckend. Die neuen Bundesländer wurden leidlich gehalten und entwickelt, aber Westdeutschland hat viele üble Flecken.

Was geschieht, wenn die EZB so bleibt, wie sie ist?

Die derzeitige Ordnung des EZB-Systems perpetuiert die Fehlsteuerung, denn dadurch, dass die EZB Kredite aus der Druckerpresse zu niedrigsten Zinsen zur Verfügung stellt und die Steuerzahler des Nordens zwingt, die Käufe von südlichen Staatspapieren kostenlos zu versichern, verringert, ja vernichtet sie fast schon die Anreize zur Selbstversicherung durch eigene Anstrengungen und lässt jegliches Interesse der Schuldenländer erlahmen, sich ihrer Schulden durch

Sparsamkeit zu entledigen. Die EZB lädt die Lasten aus möglichen Staatskonkursen den Steuerzahlern auf oder zwingt sie, diese Konkurse durch Transferprogramme zu vermeiden. Das ist die große Gefahr, die auch das deutsche Verfassungsgericht in seiner Stellungnahme vom Februar 2014 betont hat.

Was folgt daraus?

Meine zweite zentrale Reformforderung für das EZB-System lautet, dass die EZB keine Staatspapiere regionaler Gebietskörperschaften kaufen und solche Käufe auch nicht ankündigen darf, weil das den Finanzierungsaufwand der Schuldner künstlich nach unten drückt und die Länder ermuntert, sich immer weiter zu verschulden. Inflationäre Schuldenexzesse, die ganze Staaten ihrer Wettbewerbsfähigkeit berauben und die Bevölkerung in die Massenarbeitslosigkeit treiben, kann man nur vermeiden, wenn man den Kapitalmarkt als Kontrollinstanz gegenüber einer ausufernden Verschuldung wieder einsetzt. Aber das geht nur, wenn die Anleger die Konsequenzen ihrer Fehlentscheidungen selbst tragen müssen.

Wenn hier einige davon reden, die EZB müsse als *lender of last resort*, also letzte Zufluchtsinstanz, agieren, um die Kapitalmärkte zu stabilisieren, kann ich nur darauf verweisen, wie das Thema in anderen Bundesstaaten, etwa der Schweiz oder den USA, gehandhabt wird. Dort würden Zentralbanken nicht als *lender of last resort* für die Schulden untergeordneter Gebietskörperschaften auftreten. Weder erhalten die Kantone der Schweiz Kredit aus der Druckerpresse noch die Staaten der USA. Vielmehr sind die Selbstverantwortung der Anleger und der mögliche Konkurs der territorialen Einheiten unterhalb der bundesstaatlichen Ebene das Konstruktionsprinzip, das diese Bundesstaaten stabil hält.

Ihre dritte Teilforderung zur EZB-Reform?

Sie besteht darin, den Staaten die Verfügungsgewalt über die nationalen Gelddruckmaschinen zu entziehen, damit sie sich nicht mehr in einer Währung verschulden können, die sie selbst drucken können. Die nationale Gelddruckmaschine darf nicht als Ersatz zur Verfügung stehen, wenn einem Staat die Zinskonditionen des Kapitalmarktes zu schlecht erscheinen. Man darf sie auch nicht bedienen, um mit dem frisch gedruckten Geld seine Schulden zu tilgen, anstatt sich auf dem Markt Anschlusskredite zu besorgen, wenn alte Kredite fällig werden. Das Unterbieten der Märkte mit der Druckerpresse muss ein Ende haben.

———

Wie kann das am besten geschehen?

Indem man das US-amerikanische System übernimmt. Wie ich erläutert habe, ist es in den USA nicht möglich, dass sich eine Region von einer anderen permanent versorgen und bei ihr anschreiben lässt, wie das in der Eurozone mit den Target-Krediten der Fall ist. Dort müssen die Zahlungsbilanzdefizite der Distrikt-Zentralbanken jährlich durch Hergabe marktfähiger Papiere getilgt werden. Bis 1975 war sogar eine Tilgung mit Gold vorgesehen.

Die Golddeckung fordere ich für Europa so lange, bis wir einen gemeinsamen Bundesstaat gegründet haben. Danach mag man über die Tilgung der Target-Salden mit marktfähigen Wertpapieren nachdenken. Doch bis dahin ist die Tilgung mit Gold erforderlich. Gold ist ein international anerkanntes Zahlungsmittel. Wer davon nicht genug hat, der kann Vermögensobjekte gegen Gold verkaufen, um seine Schulden zu tilgen, und wer das nicht kann oder will, der darf sich eben nicht zulasten der anderen Notenbanken des Eurosystems verschulden. Wenn er temporär über seine Verhältnisse leben will, also Leistungsbilanzdefizite aufrechterhalten will, dann soll er sich an den Kapitalmarkt wenden und private Kreditgeber durch attraktive Zinsen und Sicherheiten davon überzeugen, dass sie ihm Kredite zur Verfügung stellen. Und wenn er das nicht schafft, dann kann er eben nicht über seine Verhältnisse leben. Die Welt ist nun einmal kein Schlaraffenland.

Die Goldtilgung der Target-Salden ist die wichtigste aller Forderungen, weil die EZB-Kredite aus der Druckerpresse am Beginn der ganzen Rettungskaskade stehen. Ohne die Goldtilgung ist die Versuchung groß, bei anderen Ländern anschreiben zu lassen, wenn einem die Kapitalmarktkredite zu teuer vorkommen. Das aber führt zu einer unheilvollen Pfadabhängigkeit der Politik. Erst lockert die EZB auf Drängen der Krisenländer die Kreditbremse und geht selbst ins Risiko, und dann bleibt den Parlamenten nichts anderes übrig, als die EZB freizukaufen, indem sie die EZB mithilfe fiskalischer Ersatzkredite auslösen, weil die Bürger ohnehin schon im Risiko stehen. Und wenn die Ersatzkredite so groß werden, dass die Öffentlichkeit misstrauisch wird, dann schiebt die EZB das Versprechen hinterher, die Staatspapiere der Krisenländer zu kaufen, was – wenn sie es schließlich tut – Eurobonds verlangt, um die EZB abermals herauszuhauen. Da kann man nur sagen: Wehret den Anfängen! Ganz am Anfang der Kette der öffentlichen Kredite und Schutzversprechen muss eine Barriere aufgebaut werden, die das technokratische Gremium EZB-Rat daran hindert, fiskalische Rettungsoperationen durchzuführen, mit denen die Parlamente in den nachfolgenden Jahren zu Statisten degradiert werden.

TOP 5 Der »atmende Euro«: Feste Regeln für zukünftige Ein- und Austritte

Kommen wir zu Ihren beiden letzten Vorschlägen fünf und sechs für ein stabiles Nachkrisenregime.

Ich fordere die Einführung des »atmenden Euro« bzw. der »atmenden Eurozone«. Damit meine ich im Wesentlichen klar geregelte Möglichkeiten des Ein- und Austritts von Staaten in die oder aus der Eurozone.

Denn es hat sich nicht bewährt, nur Regeln für den Euro-Eintritt zu haben und den Austritt nicht vorzusehen. Der Ausschluss von Austritten erzeugt zu viel Vertrauen für die Kapitalmärkte, weil er die regeltreuen Länder zwingt, für die Schulden derjenigen Länder aufzukommen, die über ihre Verhältnisse leben. Mehr noch: Die fehlenden Regeln für einen geordneten Austritt, die im Zweifel Chaos erwarten lassen, wenn ein Staat austritt, sind der Hauptgrund dafür, dass sich der Euro zu einem Gefängnis entwickelt hat. In diesem Gefängnis leiden die südlichen Länder unter einem fast unlösbaren Wettbewerbsproblem, und die nördlichen kämpfen darum, nicht im Sog einer Haftungsspirale unterzugehen.

Stabile Klubs sind solche, in denen es jedem eine Freude ist, mitmachen zu dürfen, weil er selbst etwas davon hat. Zwangsmitgliedschaften mit scheinbar alternativlosen Verhaltensmustern führen früher oder später zu Ausbruchversuchen und Chaos. Dafür gab es in Osteuropa vor einem Vierteljahrhundert ein prägnantes Beispiel.

Was mir vorschwebt, ist ein Währungssystem zwischen dem Dollar und dem Festkurssystem à la Bretton Woods, das die Länder des Westens in der Nachkriegszeit miteinander verbunden hatte. Ein

System wie den Dollar kann man erst einrichten, wenn Europa eine den USA vergleichbare Staatlichkeit erreicht hat.

Deshalb schlage ich vor, den Euro flexibler zu gestalten und neben den Eintrittsmechanismus, den wir haben, einen Mechanismus für einen geregelten Austritt zu setzen. Dieser Mechanismus kann sich an das anlehnen, was wir vorhin zur aktuellen Krisenbewältigung diskutiert haben. Wichtig ist, dass es eine Rückkehroption gibt, wenn die Abwertung stattgefunden, sich ein neuer, stabiler Wechselkurs gebildet und das Land Reformen durchgeführt hat, die Garant dafür sind, dass nicht dasselbe Problem nach einem zweiten Beitritt von Neuem auftaucht.

TOP 6 Eine Konkursordnung für die Eurostaaten

Das bringt mich zu meiner sechsten und letzten Forderung: eine Konkursordnung für Staaten. Die brauchen wir, um Chaos zu vermeiden, wenn eine Überschuldung eintritt, vor allem aber, um die Verschuldung von vornherein zu begrenzen.

Die Konkursordnung macht den Investoren klar, dass sie im Risiko stehen. Das hält die Verschuldung in Grenzen und stellt sicher, dass keine neuen inflationären Kreditblasen entstehen. Es mag paradox klingen, aber gerade wenn man die geordnete Konkursmöglichkeit vorsieht, verringert man die Wahrscheinlichkeit dafür, dass ein solcher Konkurs stattfindet. Ich verweise hier auf das positive amerikanische Beispiel nach den bitteren Lektionen der ersten Jahrzehnte nach der Staatsgründung.

Teil III: Europa nach vorn denken

Die Vereinigten Staaten von Europa: Ja, aber …

In dieser gefährlichen Eurokrise, die auch den europäischen Frieden bedroht: Halten Sie die europäische Integration für gescheitert?

Tja. Kommen wir eines fernen Tages zu den Vereinigten Staaten von Europa oder nicht? Mein Traum ist es. Aber auf welchem Weg? Für meine Generation und für viele Deutsche ist das vereinte Europa ein Ziel, für das es lohnt zu arbeiten. Das hat wohl mit unserer Vergangenheit zu tun, mit dem Wunsch, Teile unserer Geschichte abzuschütteln. Das kann man negativ sehen. Ich aber sehe es positiv, nämlich als Ergebnis eines schwierigen historischen Erkenntnisprozesses, an dessen Ende wir begriffen haben, dass es allein nicht geht.

In Europa schwärmen heute viele Politiker aus Krisenländern von einer Fiskalunion wie im amerikanischen Bundesstaat, mit einem gemeinsamen Budget für bundesstaatliche Aufgaben, um so ihre Finanzprobleme zu vergemeinschaften. Ich verstehe ihren Traum, aber man muss ihnen entgegenhalten, dass eine solche Fiskalunion nicht *vor*, sondern nur *nach* der Gründung eines europäischen Bundesstaates kommen kann. Ein Bundesstaat ist eine Versicherung auf Gegenseitigkeit. Nur er kann den heutigen Geberländern die Gewissheit geben, dass sie als Gegenleistung für ihre Hilfen auch ein wenig Schutz für ihre Kinder und Kindeskinder erhalten, sollten diese einmal in Schwierigkeiten geraten.

Sie hängen sehr an Europa ...

Ja, in der Tat. Als junger Mensch habe ich an so manchem Ferienlager in Frankreich teilgenommen, die es nur deswegen gab und gibt, weil die deutsch-französische Verständigung gelungen ist. Meine Liebe zu dem Land und den Menschen ist dadurch gewachsen. Ebenso verbindet mich viel mit einer Reihe anderer Länder in- und außerhalb Europas, so insbesondere mit Kanada, den USA, mit Finnland, Israel und Italien. Ich habe dort und auch in anderen Ländern viele Freunde und Bekannte. Die Freizügigkeit, das Leben ohne sichtbare Staatsgrenzen, das meiner Generation erstmals in der jüngeren Geschichte ermöglicht wurde, der Ausgleich mit den Nachbarn und der Frieden, die Selbstverständlichkeit im Austausch über die Landesgrenzen hinweg sind unverzichtbare Errungenschaften und bleibende Postulate der deutschen Politik. Und genau darum geht es. Die Freunde in Europa sollen Freunde bleiben. Ich will nicht mit ihnen über die Rückzahlung von öffentlichen Krediten und die Zinskonditionen für diese Kredite diskutieren müssen, sondern ich will mit ihnen in gutnachbarschaftlicher Beziehung weiterleben, statt als deutscher Steuerzahler ihr Gläubiger zu werden.

Diejenigen, die den Kurs einer Vergemeinschaftung der Schulden fahren, nehmen für sich in Anspruch, die besseren Europäer zu sein. Sie versuchen, diejenigen, die einen anderen Weg nach Europa suchen als den, auf den sich die Politik eingelassen hat, in die antieuropäische oder gar nationalistische Ecke zu drängen. Das ist eine ziemlich billige Masche, ein durchsichtiges Ablenkungsmanöver von der eigenen Konzeptions- und Ratlosigkeit.

Ich glaube, niemand erhofft sich das vereinte Europa so sehr wie wir Deutschen. Die Realität sieht aber leider so aus, dass die anderen Länder keine so starke Bindung mit uns suchen wie wir mit ihnen.

Wenn Sie mir eine etwas überzogene, aber in ihrem Kern meines Erachtens zutreffende Karikatur erlauben wollen: Das ist wie bei einem Paar, bei dem der eine liebt und heiraten will, und der andere hauptsächlich an das Geld des Partners heranmöchte, am liebsten noch, bevor der Ehevertrag geschlossen wird.

Was würde die Idee der Vereinigten Staaten von Europa konkret und in der Umsetzung bedeuten?

Sie würde bedeuten, dass man eine neue Ebene des Staates schafft: mit einer echten europäischen Regierung, einem wesentlich höheren Budget, eigenen Steuern, kontrolliert durch ein Parlament mit einer proportionalen Repräsentanz aller Völker Europas – eine Machtzentrale, die keine getrennten Armeen mehr kennt. Dazu mit einem Zweikammersystem, wie Joschka Fischer es vorgeschlagen hat, mit einem Parlament und einem Senat. Eine schöne Vision, die funktionieren könnte.

Aber: Man muss diesen Staat auch gründen. Und genau hier liegt für mich der entscheidende Punkt. Ich halte es nicht für vertretbar, riesige Rettungsaktivitäten und Transfersysteme in Gang zu setzen, ohne dass nicht vorher von allen Mitgliedstaaten eine Art Versicherungsvertrag auf Gegenseitigkeit unterschrieben wird, indem sie den Bundesstaat gründen und die Armeen Europas vereinen und der nationalen Kontrolle entziehen. Ich betone: vorher, nicht nachher! Ein Großteil des Meinungsstreits bezüglich der weiteren Entwicklung der Europäischen Union lässt sich auf die einfache Frage herunterbrechen, ob wir unser Geld vor oder nach der Unterschrift unter den Ehevertrag in die Gemeinschaftskasse geben wollen.

Amerika schuf einen Bundesstaat, in dem es heute sehr viele Transfers zwischen den Einzelstaaten gibt. Aber erst kam der Staat als gemeinsames Verteidigungsbündnis, und dann entstand allmählich im Laufe zweier Jahrhunderte der Zentralstaat mit fiskalischen Aufgaben, die den Einzelstaaten einen gewissen Versicherungsschutz bieten. Wenn ein Einzelstaat wirtschaftlich absinkt, gibt es bundesstaatliche Ausgaben für die Autobahnen, Bundesbehörden und alle möglichen anderen Dinge. Und auch die Arbeitslosenversicherung bietet einen gewissen Schutz. Auch für Europa wäre so etwas möglich, aber nur nachdem der gemeinsame Staat wirklich gegründet wurde – und keinen Moment eher. Um im Bild zu bleiben: Zunächst muss der Ehevertrag unterschrieben werden, mit Leistungen und Gegenleistungen der einzelnen Partnerstaaten und der Zentralgewalt, mit festen Regeln für Hilfen, von denen ich einige wichtige beschrieben habe, auch mit einer klaren Regel für eine mögliche Scheidung, und erst dann kann gerettet und transferiert werden.

Das hört sich schön an, fast romantisch ...

Ich mache mir keine Illusionen. Es wird noch sehr viel Wasser den Rhein hinunterfließen, bevor er keine Staatsgrenze mehr ist. Dennoch braucht Europa das Leitbild eines im Endeffekt gemeinsamen Bundesstaates, damit die Richtung seiner Reformen klar bleibt, und es braucht das klare Verständnis, dass die Transferunion vorher nicht zu haben ist.

Die Welt ist voller Konflikte. Auch Europa wird wieder in solche Konflikte hineingezogen werden. Ich erwähne nur den Konflikt mit dem Iran, der vor zwei Jahren zu eskalieren und in einen Schlagabtausch zwischen dem Iran und Israel auszuarten drohte, der aus verschiedenen Gründen auch Konsequenzen für die deutsche Sicherheitslage gehabt hätte. Eine atomare Bedrohung Europas aus dem Mittleren Osten oder sonst woher ist für den Rest dieses Jahrhunderts nicht auszuschließen. Gefahrenherde rund um Europa herum gibt es genug. Man denke nur an die Ukraine, die die Europäische Union auf Druck der USA in einer ziemlich unüberlegten Aktion an sich koppeln und aus der russischen Einflusssphäre herausholen wollte. Wenn es kritisch wird, wird Europa auch politisch zusammenwachsen, so wie Staatenbündnisse eigentlich immer aus militärischer Bedrohung entstanden sind. Die Vorstellung indes, dass wir in einer Gefahrensituation erst mit Frankreich über die Struktur des neuen Staates verhandeln müssen, bevor es zustimmt, auch uns mit seiner *Force de Frappe* – also seiner Atomstreitmacht – zu schützen, erfüllt mich mit Sorge. Solche Verhandlungen sollten wir lieber bald führen und nicht erst, wenn eine militärische Notsituation eingetreten ist.

Die Neudefinition, ja dramatische Kehrtwende der deutschen Position bei europäischen Militäreinsätzen, die Anfang des Jahres 2014 vom deutschen Bundespräsidenten in einer viel beachteten Rede in München, die sicherlich mit der Bundesregierung abgestimmt war, vorgetragen wurde, hatte mich anfangs mit einer gewissen Sorge erfüllt. Denn ich hielt es immer für ratsam, sich nicht in die französischen oder britischen Eskapaden mit hineinziehen zu lassen. Die Perspektive eines europäischen Staates freilich, der auch ein gemeinsames Verteidigungsbündnis ist, lässt mich in dieser Neudefinition einen tieferen Sinn erblicken.

Stichwort Frankreich: Wie schätzen Sie dessen zukünftige Entwicklung ein?

Frankreich wird von den Kapitalmärkten immer noch als sicheres Land angesehen. Das liegt aber nicht an der Wirtschaft, sondern das liegt an seiner politischen Macht und der Erwartung, dass Frankreich alle Unterstützungsaktionen, die man sich nur vorstellen kann, wird organisieren können – bis hin zu Eurobonds. Die französische Wirtschaft ist ziemlich lädiert. Eine Autofabrik nach der anderen macht zu. Die französische Deindustrialisierung hat beängstigende Ausmaße angenommen. Der Anteil des Verarbeitenden Gewerbes an der gesamten Wertschöpfung ist im freien Fall begriffen und liegt bei nur noch 10 Prozent, während dieser Anteil in Deutschland stabil bei etwa 22 Prozent liegt. Frankreich hat die Arbeitsplätze, die in der Industrie verloren gingen, im Staatssektor neu geschaffen. Aber dort wird nichts produziert, das sich für den internationalen Handel eignet und Devisen für den Kauf von Importen verdient.

Also auf dem Weg in griechische Verhältnisse?

Nein, davon kann keine Rede sein. Aber gesund ist die Entwicklung keineswegs. Die Staatsquote ist heute die zweithöchste aller OECD-Länder nach Dänemark. Dänemark leidet unter einer ähnlichen Deindustrialisierung und hat ebenfalls viele Arbeitnehmer in den Staatssektor geschoben. In Frankreich und Dänemark sind anteilig doppelt so viele Leute im Staatssektor beschäftigt wie in Deutschland. Das wird dann paradoxerweise von einigen noch als Erfolgsmodell angesehen. Ich kann das überhaupt nicht nachvollziehen. Weder Dänemark noch Frankreich machen derzeit einen gesunden Eindruck. Aber während Dänemark im Prinzip die Möglichkeit hat, sich vom Wechselkursverbund mit dem Euro zu lösen, ist Frankreich im Euroverbund gefangen wie die Südländer und kann seine Wettbewerbsfähigkeit allenfalls durch einen mühsamen Prozess der Preis- und Lohnsenkung wieder verbessern. Frankreich müsste nach einer Schätzung der volkswirtschaftlichen Abteilung von Goldman Sachs um circa 20 Prozent real abwerten, also im Verhältnis zum Durchschnitt der

Eurozone um 20 Prozent deflationieren. Wie sollen die Franzosen das jemals hinkriegen? Wenn es gelänge, wäre es das Analogon der fortwährenden Abwertung des Franc in früheren Jahrzehnten. Frankreich wird das aber nicht schaffen. Das heißt, das Land wird auch weiterhin Hilfe brauchen, nicht notwendigerweise direkt, sondern indirekt wie heute, indem die Kreditkunden der französischen Banken und die Abnehmer der französischen Waren in Südeuropa mit Rettungsgeldern aus der Druckerpresse oder von den Rettungsfonds geschützt werden.

Vielleicht wird das Land aber auch direkte Hilfen verlangen. Die Eurobonds habe ich erwähnt. Auch Transfers könnte Frankreich verlangen. Schon jetzt wird vom französischen Finanzminister gefordert, dass die Lasten aus der Arbeitslosigkeit mithilfe einer gemeinsamen europäischen Arbeitslosenversicherung umgelegt werden sollen. Das wäre ein solcher unmittelbarer Geldtransfer nach Frankreich. Weitere Forderungen dieser Art werden mehr und mehr kommen, das ist meine feste Überzeugung. Das heißt, die Transferunion, die an vielen Orten im Süden Europas gerade vorbereitet wird, wird perspektivisch Frankreich als Empfängerland einschließen. Aber dann haben wir schon 60 Prozent der Bevölkerung der Eurozone, die in Empfängerländern sitzen. Wie soll das funktionieren? Es kann nicht funktionieren.

Also doch kein gemeinsamer europäischer Staat?

Lassen Sie es mich so sagen: Der gemeinsame europäische Staat wird nicht mehr kommen, wenn wir jetzt eine Fiskal- bzw. eine Transferunion ohne die Gründung eines Staates auf den Weg bringen. Eine solche Union vervollkommnet die Schuldensozialisierung, indem ein gemeinsames Budget und eine gemeinsame Steuerhoheit der Euroländer geschaffen wird, um auf diese Weise Finanzmittel von den Ländern mit einer funktionierenden Steuerverwaltung zu den weniger gut organisierten Ländern zu leiten, die diese Länder wiederum in die Lage versetzen, ihre Schulden trotz fehlender Steuerkraft zu bedienen. Genau eine solche Union droht gerade. Wenn Sie mir noch einmal den ironischen Vergleich erlauben: Wir sind die Braut, deren Geld aus der Sicht des Bräutigams wesentlich schöner als ihr Antlitz ist. Wenn sie ihr Geld vorher herausrückt, wird es zu der Ehe vermutlich niemals kommen, der Ehevertrag wird nie unterschrieben, und das Geld ist weg. Deswegen meine ich auch, dass wir, wenn wir den Staat nicht gründen, auch nicht in Richtung einer Fiskal- und Transferunion gehen dürfen.

Das würde all den Fehlern, die wir mit und seit der Einführung des Euro gemacht haben, noch einen weiteren draufsetzen und die vorigen verstärken. Wenn wir schon keinen gemeinsamen europäischen Staat haben können, dann sollten wir lieber auf dem Maastrichter Vertrag mit seiner Nichtbeistandsklausel beharren. Das Recht ist ja auf unserer Seite. In der Maastricht-Welt ist der Euro nur eine gemeinsame Verrechnungseinheit und kein Transfersystem, und er ist rund um das Prinzip der Eigenverantwortlichkeit der Staaten in der Eurozone konstruiert. Sollten wir also keinen gemeinsamen europäischen Staat gründen, den Euro aber erhalten wollen, so müssen wir wieder zu den Kernideen des Maastrichter Vertrags zurückkehren.

Das ist nicht nur nötig, um die gewaltigen Vermögensverluste, die uns bei einer Fiskalunion drohen, zu vermeiden, sondern vor allem auch, um den ewigen Streit zwischen den Völkern Europas zu verhindern, der unweigerlich entsteht, wenn man Schuldverhältnisse zwischen den Völkern Europas aufbaut. Das weitere Anwachsen der Schuldenlawine lässt sich nicht durch Fiskalpakte stoppen, die keiner einhält, sondern nur durch den Verzicht auf eine Vergemeinschaftung der Schulden; jeder Staat muss für seine Schulden einstehen und darf nicht darauf hoffen können, dass andere für ihn eintreten.

Und selbst wenn der gemeinsame Staat gegründet wird, so heißt das noch immer nicht, dass wir einen Haftungsverbund zur Schuldensozialisierung haben sollten. Auch die USA und die Schweiz kennen, wie erwähnt, aus guten Gründen keinen internen Haftungsverbund. Denn wenn man einen Haftungsverbund anstrebt, wie das die Euro-Schuldnerländer tun, braucht man einen viel stärkeren Zentralstaat als in den USA oder der Schweiz, nämlich eine Zentralinstanz mit Durchgriffsrechten, wie sie die deutschen Länder gegenüber ihren Gemeinden haben, für deren Schulden sie im Außenverhältnis haften. Man braucht also wie in Deutschland die Möglichkeit, einen Staatskommissar einzusetzen, der das Recht hat, ersatzweise Gesetze und Verordnungen zu erlassen. Die Übertragung eines solchen Systems auf Europa halte ich für völlig ausgeschlossen, denn es wäre ein Europa, das auf Zwang und nicht auf der freiwilligen Zustimmung der Völker und Bürger beruht. Eine europäische Einigung mit imperialem Vorzeichen ist eine Perversion der europäischen Vision von einem Bündnis der Völker, das auf Freiwilligkeit beruht und allseits Vorteile bringt. Es darf daher auch in den Vereinigten Staaten von Europa, wenn sie denn kommen sollten, keine Haftungsunion geben. Vielmehr muss das Prinzip der Selbstverantwortung gelten, so wie es in den meisten Föderationen dieser Welt der Fall ist, die die Bezeichnung »Bundesstaat« oder »Föderation« zu Recht tragen.

Können Sie sich vorstellen, dass wir Deutschen den Euro verlassen? Zum Beispiel leben ja auch Dänemark oder Schweden ohne ihn ...

Ich kann mir manches vorstellen, dies aber nun wirklich nicht gern. Dänemark ist da im Übrigen nur ein begrenzt gutes Beispiel, da es sich durch die Anbindung der dänischen Krone an den Euro wie ein Mitglied der Eurozone verhalten muss. Das Land hat sich zwar lange gut entwickelt, steckt nun aber in einer erheblichen Krise. Die

Arbeitslosenzahlen sind in die Höhe geschossen. Ganz anders ist es in Schweden, wo man es wirklich ohne den Euro geschafft hat. Schweden wies früher eine Staatsquote von über 70 Prozent auf. Dem Land ist es in den letzten 20 Jahren gelungen, diese Quote dramatisch zu senken, was auch an der aktivierenden Sozialpolitik lag, mit der man in den 1990er-Jahren begann. Nach einer Abwertung Anfang der 1990er-Jahre wurde es wieder wettbewerbsfähiger und wächst heute am schnellsten von allen westeuropäischen Ländern.

Was nun Deutschland betrifft, so bin ich fest überzeugt, dass wir ohne den Euro eine viel bessere Wirtschaftsentwicklung gehabt hätten, jedenfalls eine bessere als in der Konstellation, die wir jetzt haben, mit jenen Ländern in der Eurozone, die laut den ursprünglichen Verträgen gar nicht hätten beitreten dürfen. Wir wären nicht seit 1995, dem Jahr der verbindlichen Ankündigung des Euro, unter den Ländern, die heute zum Euroverbund gehören, beim Bruttoinlandsprodukt je Kopf vom zweiten auf den siebten Platz abgesunken, wie wir es trotz des Booms der letzten drei Jahre taten. Hätte es in der Eurozone gleich zu Beginn eine Kerngruppe nur mit jenen Ländern gegeben, die dort laut Maastrichter Vertrag auch wirklich hingehören, dann hätte Deutschland vermutlich besser abgeschnitten als ohne den Euro. Insofern möchte ich meine Aussage nicht verabsolutieren. Es wäre ein Eurosystem denkbar gewesen, das uns gutgetan hätte.

Also hat uns insgesamt die Mitgliedschaft in der Eurozone, so wie sie sich entwickelt hat, geschadet, und wir sind keine Euro-Gewinner ...?

Was wir bekommen haben, hat uns in der Tat massiv geschadet, weil ein Teil des deutschen Sparkapitals in Südeuropa verbrannt wurde. Unsere Banken und Lebensversicherer haben dort bedenkenlos investiert, und sie wurden dann von den Steuerzahlern, die hinter der EZB und den Rettungsschirmen stehen, gerettet. Mit dem Geleitschutz des OMT-Programms der EZB setzt sich dieser Prozess heute gerade wieder so fort wie vor der Krise. Wieder gehen die Banken und Lebensversicherer in riesigem Umfang mit unseren Spargeldern in südeuropäische Staatspapiere, und wieder werden die Steuerzahler die Lasten tragen müssen. Privatwirtschaftlich erwirtschaftet man Renditen, die aus der Sicht der deutschen Volkswirtschaft Scheinrenditen sind. Je lauter die Finanzmärkte, die EU und die EZB jubeln, desto eher sollten wir uns sorgen. Wenn es stimmen würde, was die Rettungspolitiker immer wiederholen, dass Deutschland der Profiteur des Euro war, dann hätten wir auf der Wohlstandsleiter des BIP pro Kopf auf- statt absteigen müssen. Das ist aber nicht der Fall.

***

Sieht man nicht an den Exportüberschüssen, dass Deutschland vom Euro profitiert hat?

Nein, eine solche Interpretation der Überschüsse ist falsch, denn Exportüberschüsse bei Gütern und Leistungen sind definitionsgemäß dasselbe wie Kapitalexporte. Ein Land erwirtschaftet für die Güter und Leistungen, die es produziert, Einkommen, die genauso groß sind wie der Wert dieser Güter und Leistungen. Wenn das Land einen Teil seines Einkommens ins Ausland verleiht, statt es zur Gänze selbst für Konsum und Investitionen zu verbrauchen, dann verleiht es Verfügungsrechte über Güter und Leistungen, und mit diesen Verfügungsrechten fließen per Saldo auch solche Güter und Leistungen selbst ins Ausland.

Der deutsche Exportüberschuss kam nach der Ankündigung und Einführung des Euro zustande, weil in Deutschland nicht mehr investiert wurde und die eigenen Einkommen zunehmend ins Ausland verliehen wurden. Das erzeugte in Deutschland eine Flaute mit einer wachsenden Massenarbeitslosigkeit und einer Wachstumsschwäche, die uns zum kranken Mann Europas machte, uns gleichzeitig aber einen Exportüberschuss bescherte. Dort, wo das deutsche Geld hinfloss, unter anderem in Südeuropa, stand stattdessen mehr als nur das eigene Einkommen für Konsum und Investitionen zur Verfügung. Dort entstanden ein Importüberschuss und der inflationäre Kreditboom, der die Länder ihrer Wettbewerbsfähigkeit beraubte und zur Katastrophe wurde, als die Kredite nicht mehr flossen und die Preise nicht fallen wollten.

Dies ist das Grundgesetz des Kapitalismus. Wenn Sparkapital von Region A nach Region B fließt, kommt A in die Flaute und B in den Boom. Das Flautegebiet A bleibt mit den Importen zurück, und die Exporte, da es relativ billiger wird, steigen. Im Boomgebiet steigen stattdessen die Einkommen und die Importe, doch die Wettbewerbsfähigkeit der Exporte wird durch Lohnsteigerungen unterminiert. Die von Laien immer wieder zu hörende Interpretation, dass die deutschen Außenhandelsüberschüsse zeigen, dass Deutschland der Gewinner des Euro war, ist deshalb geradezu absurd. Ob man Gewinner oder Verlierer war, lässt sich an der Entwicklung des Bruttoinlandsprodukts ablesen, und die zeigt nun mal, dass das Euro-Experiment für Deutschland auch dann ein wirtschaftlicher Fehlschlag gewesen wäre, wenn man uns das im Ausland gebildete Sparvermögen im Zuge der Rettungsarchitektur nicht entwinden würde.

Also sollte Deutschland doch aus der Eurozone austreten?

Nein, diesen Schluss würde ich nicht ziehen. Wenngleich es falsch war, den Euro so einzuführen, wie es geschah, heißt es nicht, dass wir ohne Schaden wieder herauskämen, selbst wenn wir es wollten. Der Preis, den wir für einen Austritt aus der Eurozone zu zahlen hätten, wäre sehr hoch. Zum einen würden wir damit die deutsch-französische Achse zerstören und den Friedensaspekt des Euro gänzlich aufheben. Zum anderen würden wir damit freiwillig auf unsere Target-Forderungen verzichten, also die Forderungen, die die Bundesbank dadurch aufgebaut hat, dass man sich im Süden Ersatzkredite von seiner Notenbank geben ließ, während die Bundesbank ihre eigene Kreditvergabe an die Banken zurücknahm, weil sie das in Deutschland zirkulierende Geld durch die Erfüllung ausländischer Überweisungsaufträge in Umlauf brachte.

Die Bundesbank hatte zum Ende des Jahres 2013 ja immer noch für etwa 440 Milliarden Euro Target-Forderungen, obwohl viele dieser Forderungen bereits in Hilfskredite und von der EZB besicherte private Kredite umgewandelt worden waren. Wenn sie dieses Geld verliert, ist sie pleite, denn sie hat, nachdem sie bereits erhebliche Abschreibungsverluste realisieren musste, nur noch Eigenkapital im Umfang von 93 Milliarden Euro. Die ewigen Zinseinnahmen, die der Bundesbank wegen ihrer Target-Forderungen aus anderen Ländern der ehemaligen Eurozone zustehen, deren Gegenwartswert gerade den genannten 440 Milliarden Euro entspricht, gingen verloren.

Natürlich könnte man versuchen, etwas herauszuhandeln, obwohl es dafür keine Rechtsgrundlage gibt. Doch wird man uns, dessen bin ich mir sicher, dabei im Regen stehen lassen. Die Krisenländer Südeuropas würden vermutlich darauf verweisen, dass die Bundesregierung selbst anfänglich den Standpunkt vertreten hatte, die Target-Forderungen seien irrelevante Salden. Deutschland sei selbst schuld, so würden die südlichen Krisenländer vermutlich weiter argumentieren, wenn es den Euro vertragswidrig verlassen wolle, und müsse nun eben die Konsequenzen tragen.

Beide Seiten sind auch von daher betrachtet im Eurosystem gefangen und kommen da ohne Weiteres nicht wieder heraus. Die Südländer sind gefangen, weil sie ihre Wettbewerbsfähigkeit im Euro schwerlich wiederherstellen können, und Deutschland ist gefangen, weil es seine Forderungen verliert. Natürlich nicht nur Deutschland, sondern auch die anderen Nordländer wie etwa die Niederlande, Finnland oder Luxemburg, die alle erhebliche Target-Forderungen haben.

Ich muss aber gestehen, dass dieses Argument mit zunehmender Zeit an Relevanz verliert, weil Deutschland seine Target-Forderungen ohnehin teilweise wird aufgeben müssen. Entweder werden diese Forderungen ewig und nur extrem gering verzinst in der Bilanz der Bundesbank stehen bleiben, oder sie werden durch bloßes Umpacken der Kredite in Forderungen der fiskalischen Rettungsschirme oder in ein Haftungsrisiko im Zuge des OMT-Beschlusses der Zentralbank verwandelt. Genau deshalb habe ich mich durchgerungen, bei der Schuldenkonferenz, die ich fordere, auch einen Teilerlass der Target-Kredite ins Auge zu fassen.

Es bleibt aber das politische Problem der Zerstörung der deutsch-französischen Achse. Wenn man bedenkt, welchen Schaden die Auseinandersetzungen zwischen Frankreich und Deutschland in der Vergangenheit angerichtet haben, meine ich schon, dass Deutschland jedenfalls nicht aus dem Euro austreten, sondern lieber den Austritt anderer Länder in Kauf nehmen sollte. Mein Krisenprogramm dient dazu, die schlimmsten politischen Konsequenzen zu verhindern, ohne zugleich den Weg in eine Transfer- und Schuldenunion zu beschreiten, die Deutschland angesichts seiner absehbaren demographischen Probleme vor unlösbare Finanzprobleme stellen und eine Staatskrise auslösen könnte.

Häufig wird als Argument gegen den Austritt gebracht, der deutsche Export breche zusammen, wenn Deutschland aus dem Euro austräte. Das ist für Sie kein Argument?

Nein, und zwar aus zwei Gründen nicht. Zum einen ist unser Exportüberschuss viel zu groß, weil der Eurokurs für Deutschland viel zu niedrig ist. Die Exporte sind im Ausland zu billig, und die Importe sind im Inland zu teuer. Wir handeln für die Exporte nicht genug Importgüter ein und verschenken so einen Teil unseres Lebensstandards, zumal wir die im Ausland angelegten Ersparnisse, mit denen wir die Importe im Prinzip in der Zukunft erwerben könnten, wegen der Überschuldung der europäischen Krisenländer großenteils ohnehin nicht zurückbekommen. Dass Deutschland mit einem Leistungsbilanzüberschuss von 7,3 Prozent des Bruttoinlandsprodukts die in den EU-Verträgen festgelegte Obergrenze von 6 Prozent des Bruttoinlandsprodukts überschreitet, erwähne ich nur am Rande.

Der andere Grund ist, dass wir gar keine Angst vor einer übermäßigen Aufwertung haben müssen, weil die Bundesbank nach dem Muster der Schweizer Nationalbank jederzeit in der Lage wäre, die Aufwertung zu begrenzen, indem sie Devisen mit eigener Währung aufkauft und dann mit den Devisen ausländische Wertpapiere erwirbt. Die Schweiz hat den Kurs des Franken mit dieser Politik bei 1,2 Franken je Euro stabilisieren können, obwohl sie als kleines Land einer großen internationalen Spekulationswelle gegenüberstand.

Wenn das die Schweizer Nationalbank geschafft hat, schafft es die Bundesbank allemal. Die Schweiz ist durch ihre Politik zum größten Eigentümer deutscher Staatspapiere geworden. Diese Staatspapiere sind das ökonomische Pendant der deutschen Target-Forderungen, aber sie sind viel besser verzinst und stellen marktfähiges Vermögen dar, das man jederzeit liquidieren kann. Auf ähnliche Weise könnte die Bundesbank Wertpapiere in anderen europäischen Ländern erwerben, statt sich mit bloßen Target-Forderungen zufriedenzugeben, die niemals fällig gestellt werden können und Deutschland empfänglich für das Begehren anderer Länder nach weiteren Rettungskrediten macht.

Also sticht das Exportargument nicht. Was sticht, ist letztlich allein das politische Argument, dass aus Gründen des Friedens die deutsch-französische Achse erhalten bleiben muss.

Eine Konföderation nach Schweizer Vorbild

Wie also würden Sie dann – vor diesem Hintergrund – Ihre Vision von Europa beschreiben? Wohin soll die Reise gehen?

Lassen Sie uns vor Beantwortung dieser Frage kurz zurückblicken und zentrale Aspekte des besprochenen Sechs-Punkte-Katalogs für eine Euro-Krisenbewältigung zusammenfassen. Das ist wichtig, denn die darin formulierten Forderungen an die Politiker der Euro-Staaten und der EZB weisen einen Bezug auf zu der Vision, die ich von Europa habe.

Also: Ich bin davon überzeugt, dass es möglich sein wird, die jetzige Krise durch eine Schuldenkonferenz – mit zu vereinbarenden

Schuldenschnitten – und temporäre Austritte der überschuldeten Länder aus dem Euroverbund zu lösen. Ein »atmender Euro« und eine Konkursordnung für Eurostaaten sollten in der Folge zum Standard werden. Das waren die Punkte eins, zwei, fünf und sechs.

Des Weiteren hoffe ich, dass man im Austausch dafür neue und bessere Spielregeln für das Eurosystem vereinbaren kann, die inflationäre Kreditblasen in Zukunft vermeiden. Stimmrechte der Staaten im EZB-Rat gemäß ihrem Haftungsumfang, restriktivere Regeln für die Benutzung der nationalen Gelddruckmaschinen und vor allem ein europäischer interner Goldstandard, wie ihn die USA bis 1975 hatten, gehören zwingend dazu. Das war der vierte Punkt.

Wichtig finde ich auch, und das war der dritte Punkt, dass die Krisenländer selbst etwas tun, um ihre Bonität wieder zu erhöhen. Dazu gehört es, dass man Steuern erhöht und insbesondere die Reichen des eigenen Landes über Vermögensabgaben zur Kasse bittet, bevor man in anderen Ländern betteln geht. Außerdem sollten die Länder ihren Gläubigern Sicherheiten anbieten, damit sie in den Genuss niedrigerer Zinsen kommen.

Aber man muss auch an die lange Frist denken. Hier bin ich zuversichtlich, dass mit den beschriebenen Maßnahmen der Weg zu einer politischen Union beschritten werden kann, die nach meiner Einschätzung die unbedingte Voraussetzung für eine gelingende Fiskalunion ist.

Wie also könnte dieser Weg aussehen?

Ich schlage vor, auf längere Sicht einen dezentral organisierten europäischen Bundesstaat nach dem Modell der Schweizer Konföderation zu bilden, in dem ja die verschiedenen Volksgruppen und Kulturen trotz unterschiedlicher Sprachen friedlich und prosperierend miteinander leben. In einer solchen »europäischen Konföderation« gäbe es eine gemeinsame Regierung und ein gemeinsames Parlament, das jedem Bürger, anders als heute im EU-Parlament, das gleiche Stimmrecht gibt. Eine zweite Kammer zur Repräsentanz der Einzelstaaten – ob groß oder klein –, eine Regierung und eine gemeinsame Armee gehören ebenfalls zwingend von Anfang an dazu.

Niemand will zum Europa der Nationalstaaten zurück, doch wird uns die fatale Euro-Rettungsmaschine, die die Länder Europas zu Gläubigern und Schuldnern macht, genau dorthin bringen, wenn wir jetzt nicht den Mut zu einem großen Sprung nach vorn aufbringen.

Warum die Schweiz als Vorbild?

Die Schweiz ist ein kulturell bunter Staat, der sich über die Jahrhunderte gebildet und im Laufe der Zeit immer mehr an politischer Stabilität gewonnen hat. Die Schweizer Konföderation begann als militärisches Schutzbündnis und hat sich anschließend allmählich zu einer Fiskalunion entwickelt. Dabei ging die Zentralisierung immer nur maßvoll voran und hat niemals den Zustand der Schuldengemeinschaft erreicht, der nun so vehement von einigen europäischen Regierungen gefordert wird. Die Schweiz kennt keine Haftung der Eidgenossenschaft – also der bundesstaatlichen Zentralgewalt – für Kantone, die in Schwierigkeiten geraten, und genau deshalb hat sie Schuldenexzesse bislang weitgehend vermeiden können. Jeder Kanton ist für sein eigenes Budget verantwortlich, und wenn er Schulden macht, muss er sie auch zurückzahlen.

Er kann, wenn er sich übernommen hat, nicht einfach den Bundesstaat anrufen und ihm die Rückzahlung überlassen. Es gibt auch keine gemeinsamen Anleihen, die die Kantone begeben, und keine gegenseitigen Schutzversprechen außer im militärischen Bereich. Natürlich gibt es einen Bundesstaat – mit sehr reduzierten Aufgaben –, aber der steht nicht zur Verfügung, um einzelne Gebietskörperschaften zu retten, wenn sie Finanznöte haben. Stattdessen lässt man die Gebiete notfalls pleitegehen, was bedeutet, dass die Gläubiger ihr Geld nicht wiederbekommen. Diese Verlustmöglichkeit ist heilsam, weil sie dazu führt, dass die Gläubiger im Vorhinein Zinsaufschläge verlangen, wenn sich eine solche Gebietskörperschaft zunehmend verschuldet. Die Zinsaufschläge wiederum sind eine Schuldenbremse, die das Unglück einer drohenden Überschuldung in der Regel verhindert.

Als die Kantone Genf, Solothurn, Waadt, Appenzell-Ausserrhoden und Glarus in Schwierigkeiten kamen, half ihnen niemand. Aber sie konnten sich gerade noch selbst helfen, weil die Kapitalanleger, die ihnen Geld geliehen hatten, rechtzeitig die Notbremse gezogen hatten. Der Gemeinde Leukerbad indes, die sich in der Hoffnung auf die Unterstützung mit Gemeinschaftsgeld übermäßig verschuldet hatte, blieb 1998 nichts anderes übrig, als den Konkurs zu erklären. Die gerichtlichen Klagen der Gläubiger gegen den Kanton Wallis, von dem man die Rückzahlung der Schulden der Gemeinde Leukerbad verlangte, blieben erfolglos. Das Beispiel Leukerbads hat die fundamentale Bedeutung der No-Bailout-Regel für die Funktionsfähigkeit der Schweizer Konföderation bestätigt und weiter untermauert.

Die Konföderation der Schweiz als Vorbild für ein zukunftsfähiges Europa zu nehmen, erscheint mir auch deshalb so wichtig, weil es für Deutschland politisch unklug wäre, den Maastrichter Vertrag zu kündigen, ohne zugleich ein neues Modell für Europa anzubieten, das auch anderen Ländern attraktiv erscheint. Man braucht einen positiven Ansatz, der von den anderen Völkern Europas als erstrebenswert angesehen wird und ein wirklicher Beitrag für mehr Frieden und Prosperität in Europa ist.

Die europäischen Bürger sind bereit, Härten zu ertragen, aber sie brauchen ein Ziel, das sich anzustreben lohnt. Ein Europa, geordnet nach dem Modell der Schweiz, könnte so ein Ziel sein.

Und der Euro?

Eine »Europäische Konföderation« nach dem Schweizer Modell könnte auf der Basis des Euro begründet werden, aber nur dann, wenn der Euro mit den oben dargestellten Maßnahmen zu einem attraktiven, funktionsfähigen Währungsverbund gemacht wurde, dem zuvor auch die ost- und nordeuropäischen Länder beigetreten sind.

Auf der Basis des heutigen Euroverbundes könnte das schon aus geographischen Gründen nicht gelingen. Der heutige Euro spaltet mehr, als dass er eint. Ihm wollen die großen Länder Osteuropas sicherlich nicht beitreten, bevor die inneren Spannungen des Eurosystems gelöst sind. Gerade kürzlich hat der ehemalige polnische Ministerpräsident Marek Belka seine Landsleute vor einem solchen Beitritt gewarnt. Es wäre deshalb fatal, wenn wir den europäischen Staat auf der Basis des jetzigen Eurogebietes anstreben würden. Dann würde die Ostgrenze der heutigen Eurozone zur Ostgrenze der Konföderation, Deutschland wäre in eine Randlage gedrängt und Mitteleuropa gespalten.

Es kann deshalb nicht im deutschen Interesse liegen, die Vision der »Europäischen Konföderation« auf der Basis des heutigen Eurosystems zu verfolgen. Die richtige geographische Basis für die Vision einer Konföderation nach dem Modell der Schweiz ist eher die der EU als die des heutigen Eurogebiets. Damit diese Basis Wirklichkeit werden kann, muss der Euro zunächst an Haupt und Gliedern reformiert werden, sodass er attraktiv für die Staaten Nord- und Osteuropas wird, ja hoffentlich irgendwann auch für Großbritannien.

Erst wenn dieser Zustand erreicht und die Konföderation geschaffen ist, würde ich das von mir oben beschriebene Modell des »atmenden Euro« bzw. der »atmenden Eurozone« wieder aufgeben. Ökonomisch betrachtet wäre das möglich, weil es in der Föderation genug zentralstaatliche Macht gibt, lokale Schuldenexzesse mit politischen Mitteln zu vermeiden. Die meisten anderen der oben beschriebenen Maßnahmen bleiben aber auch in der Konföderation erforderlich.

Wo sehen Sie die größten Probleme, wenn Sie an die Spezifizierung und die Umsetzung einer solchen Vision von Europa denken?

Bei unserem Nachbarn Frankreich. Die französischen Präsidenten haben sich stets gegen das Fernziel der Vereinigten Staaten von Europa ausgesprochen. In Frankreich beißt man beim Thema der politischen Union auf Granit. Eine Fiskalunion zur Vergemeinschaftung der Schulden ist willkommen. Aber wehe, wenn es darum geht, dass Frankreich einen Teil seiner Souveränität – gar noch im militärischen Bereich – an europäische Instanzen abgeben soll. Dann erntet man heftiges Kopfschütteln.

Was also tun?

Überzeugungsarbeit leisten, denn so kann es nicht weitergehen. Um Frankreichs Banken und Firmen zu helfen, schützen wir die französischen Kunden in Südeuropa mit sehr viel Geld. Unsere Leistungen werden zwar nicht auf dem Konto der Franzosen verbucht, aber der Schutz Frankreichs steht hinter der gesamten Rettungsarchitektur. Frankreich muss sich nun bewegen und bereit sein, einer echten politischen Union zuzustimmen und dafür die notwendigen Souveränitätsverzichte zu leisten.

Wir wissen alle, dass Frankreich den Euro nicht eingeführt hat, um anschließend ein gemeinsames europäisches Haus zu konstruieren. Das wollte zwar Helmut Kohl, aber François Mitterand und seine Nachfolger ließen Kohl mit seinen Vorstellungen von einer politischen Union im Austausch für die Aufgabe der D-Mark auflaufen. Die deutsche Vereinigung bot die willkommene Gelegenheit, anstelle der eigenen Souveränität die Zustimmung zur deutschen Einigung zu verkaufen. So musste Kohl die D-Mark aufgeben, ohne der politischen Union auch nur einen Schritt näher zu kommen.

Frankreich wollte lediglich das Diktat der D-Mark loswerden und sich zugleich niedrigere Zinsen für seine Staatsverschuldung ermöglichen. Davon versprach man sich einen wirtschaftlichen Aufschwung. Der kam auch nach dem Gipfel von Madrid, der im Jahre 1995 die Weichen für den Euro gestellt hatte. Den Deutschen lief damals angesichts der vermeintlichen Sicherheit in Südeuropa das Kapital weg. Doch hielt der Boom gerade einmal ein gutes Jahrzehnt. Mit dem Beitritt der osteuropäischen Niedriglohngebiete in der Mitte des letzten Jahrzehnts und der Finanz- und Wirtschaftskrise Lateineuropas in den Jahren ab 2007 schlug er in eine fundamentale Existenzkrise um, die die Industrie und die Banken Frankreichs fortan massiv bedrohte. Diese Krise wird Frankreich auch weiterhin stark zusetzen, weil gar nicht absehbar ist, dass die durch die Kreditblasen überteuerten Länder Südeuropas im Wettbewerb mit den osteuropäischen Ländern wirtschaftlich bestehen können. Im Grunde hatte sich Frankreich mit dem Euro, der das Land selbst, aber mehr noch seine Kunden in Südeuropa in die Inflation trieb, einen Bärendienst erwiesen. Für die stolze französische Elite muss es sich – jenseits aller Verdrängungskünste – erniedrigend anfühlen, vom alten Erzfeind gerettet und ausgehalten zu werden, aber das ist nun mal der Sachverhalt.

Es ist an der Zeit, der französischen Politik die Frage zu stellen, ob es nicht angemessen wäre, jetzt den Widerstand gegen eine echte politische Integration Europas aufzugeben. Die *French Affair with German Money* ist kein akzeptables Geschäftsmodell für Europa. Und auch nicht für Frankreich selbst.

Die deutsche Politik sollte Frankreich und den anderen Ländern Europas nun einen mutigen Zukunftsentwurf für Europa anbieten, der deren nationale Belange berücksichtigt, aber doch auch von dem einen oder anderen Land verlangt, über seinen Schatten zu springen.

Warum etwa richtet die deutsche Kanzlerin nicht endlich eine Rede an die Völker Europas, in der sie den guten Willen Deutschlands bekundet und ein Programm zur Neuordnung der Eurozone inklusive eines Schuldenschnitts vorschlägt, das die Chance bietet, zu einer Konföderation nach Schweizer Muster zu gelangen?

Das wäre dann eine echte Perspektive für Europa.

Danksagung

Ich bedanke mich bei Jens Schadendorf für den Anstoß zu diesem zweiten Debatten-Büchlein innerhalb eines knappen Jahres und insbesondere für die interessanten Gespräche selbst, aus denen es entstanden ist. Mein Interviewpartner unterzog sich der Mühe, die Tonbandaufzeichnung dieser Gespräche zu Papier zu bringen, verdichtete die Themen und gab mir dann die Gelegenheit, Text und Fragen zu redigieren und auszubauen, wobei wir uns dazu laufend fruchtbar austauschten.

Dankbar bin ich auch Marga Jennewein, Meinhard Knoche, Harald Schultz und meiner Frau Gerlinde, die das Manuskript sorgfältig gelesen und Verbesserungsvorschläge gemacht haben. Wolfgang Meister schließlich danke ich für die Assistenz bei der Absicherung einiger der im Gespräch auftauchenden Fakten.

Hans-Werner Sinn

München, im März 2014

Der Autor

Hans-Werner Sinn ist seit 1984 Ordinarius in der volkswirtschaftlichen Fakultät der Ludwig-Maximilians-Universität München. Im Jahr 1999 wurde er zudem Präsident des ifo Instituts in München und zum Leiter des internationalen CESifo-Forschernetzwerks ernannt, weltweit eines der größten seiner Art. Sinn war Präsident des IIPF, des Weltverbandes der Finanzwissenschaftler, und Vorsitzender des Vereins für Socialpolitik, des Verbandes der deutschsprachigen Ökonomen. Er hat in Kanada gelehrt und Forschungsaufenthalte an den Universitäten Stanford, Princeton, Boston, Bergen, Jerusalem und Boston sowie an der London School of Economics absolviert.

Für seine Arbeit erhielt Hans-Werner Sinn zahlreiche hochrangige Preise und Auszeichnungen, darunter das Bundesverdienstkreuz 1. Klasse und den Europapreis der Universität Maastricht. Ihm wurde die Ehrendoktorwürde der Universitäten Magdeburg und Helsinki sowie der Handelshochschule Leipzig zuerkannt.

Sinn veröffentlichte zahlreiche Artikel in internationalen Fachzeitschriften sowie Fachbücher bei internationalen Wissenschaftsverlagen. Er ist einer der renommiertesten und wissenschaftlich am häufigsten zitierten Ökonomen des Landes. Nach einer Umfrage der *Frankfurter Allgemeinen Zeitung* ist Sinn zugleich der deutsche Ökonom, dessen Rat deutsche Politiker am meisten schätzen. Für die britische Zeitung *The Independent* zählt er wegen seiner Forschungen zum Euro zu den zehn wichtigsten Menschen, die 2011 die Welt verändert haben, und *Bloomberg* führte ihn 2012 als einzigen Deutschen in der 50 Personen umfassenden Liste der weltweit wichtigsten Menschen aus dem Bereich der Wirtschaft.

In Deutschland initiiert und prägt er immer wieder wirtschaftspolitische Debatten, zuletzt u. a. mit seinen Büchern *Das grüne Paradoxon*, *Kasino-Kapitalismus* und *Die Target-Falle*. Im Ranking der 500 wichtigsten deutschen Intellektuellen der Zeitschrift *Cicero* wurde er zuletzt auf Rang 14 geführt.

Hans-Werner Sinn gilt zudem als einer der Vordenker der Riester-Rente und der im März 2003 angestoßenen Agenda 2010, dem wichtigsten wirtschafts- und sozialpolitischen Reformpaket seit Ludwig Erhards Weichenstellungen für die soziale Marktwirtschaft. Er ist einer der in Deutschland und Europa maßgeblichen Kritiker einer aus seiner Sicht verfehlten Europapolitik.

Jens Schadendorf

München, im März 2014

Der Gesprächspartner von Hans-Werner Sinn

Die diesem Buch zugrunde liegenden Gespräche mit Hans-Werner Sinn führte Jens Schadendorf.

Hans-Werner Sinn und sein Interviewpartner kennen und schätzen sich seit mehr als zwölf Jahren. Im Frühsommer 2002, also etwa ein Dreivierteljahr vor dem Start der Agenda-2010-Reformen, trafen sie sich verschiedene Male und entwickelten die Idee eines wegweisenden Buches zur Überwindung der damaligen Wachstumsschwäche des Landes. Schadendorf war zu jener Zeit Leiter des Econ Verlags.

Sinns so entstehendes Werk »Ist Deutschland noch zu retten?« wurde nicht nur zum Verkaufsrekorde brechenden und mehrfach preisgekrönten Bestseller. Es war ebenfalls das intellektuelle Fundament wesentlicher Teile der erfolgreichen Agenda-2010-Reformen.

Zehn Jahre nach dieser ersten bereichernden Zusammenarbeit trafen sich Sinn und Schadendorf ab Oktober 2012 bis in den Winter 2014 hinein zu mehreren langen Gesprächen, in denen sie wesentliche Zukunftsfragen Deutschlands gründlich diskutierten. Basierend auf diesen Gesprächen erschien bereits vor einem Jahr zunächst das kompakte Büchlein »Verspielt nicht eure Zukunft«, das zu einem kleinen Bestseller avancierte und sich allen wichtigen Fragestellungen des Landes zuwandte. Lediglich die schwelende Eurokrise war ausgenommen. Sie sollte wegen ihrer besonderen Komplexität Thema eines weiteren, deutlich längeren, aber immer noch kompakten Buches werden, das mit »Gefangen im Euro« nun vorliegt.

Jens Schadendorf ist heute publizistischer Unternehmer und daneben u. a. Autor sowie freier Forscher am Stiftungslehrstuhl für Wirtschaftsethik der TU München. Er studierte Wirtschafts- und Sozialwissenschaften – insbesondere Politische Ökonomie, BWL und Entwicklungsökonomie – in Hamburg, Bangkok, Singapur und Fribourg (Schweiz). Danach war er lange Buchverleger, u.a. als Programmleiter der Verlage Gabler und Econ, und erhielt für seine Arbeit mehrere Auszeichnungen.

Zahlreiche Veröffentlichungen, etwa regelmäßig für die *Financial Times Deutschland*, zuletzt auch bei *ZEIT online*, aktuell zudem Mitherausgeber der *Edition Debatte* im Redline Verlag, in dem dieses neue Werk von Hans-Werner Sinn wieder erscheint.

Wenn Sie **Interesse** an
unseren Büchern haben,

z. B. als Geschenk für Ihre Kundenbindungsprojekte, fordern Sie unsere attraktiven Sonderkonditionen an. Weitere Informationen erhalten Sie von unserem Vertriebsteam unter +49 89 651285-154 oder schreiben Sie uns per E-Mail an:

vertrieb@redline-verlag.de

REDLINE | VERLAG